온북스시선 42

우리가 한 생을 건넜다면

우리가 한 생을 건넜다면

초판인쇄 | 2025년 7월 10일
초판발행 | 2025년 7월 21일

지은이 | 문석주 외 10인
펴낸이 | 김경옥
디자인 | 신명주
펴낸곳 | 도서출판 온북스

등록번호 | 제 312-2003-000042호
등록일 | 2004년 5월 13일

주소 | 서울시 은평구 은평로 194-6, 502호
전화번호 | 02-2263-0360
팩스 | 02-2274-4602

ISBN | 979-11-92131-36-8
잘못 만들어진 책은 교환해드립니다.
이 출판물은저작권법에 의하여 보호받는 저작물이므로
무단 전재와 무단 복제를 할 수 없습니다.

우리가
한 생을 _____ 건넜다면

온북스
ONBOOKS

프롤로그

열 명의 작가가 '삶'을 사이에 두고 서로의 글에 조용히 반응했습니다. 말을 던지기보다 숨을 건네고 기다렸습니다. 각자의 박동은 다르게 흘렀고, 흐름은 잠시 어깨를 맞댔다가 이내 갈라졌습니다.

말보다 먼저 열린 감정의 틈으로 이야기가 들어왔고, 다시 조용한 결을 따라 시로 돌아갔습니다. 그래서 이 책은 시집이라기보다, 굳지 않은 마음의 결이 하나의 호흡으로 모인 기록입니다.

어떤 장면은 말보다 먼저 도착해 누구의 것도 아닌 자리에 내려앉습니다.

그 다가섬 속에서 뜻하지 않은 방향이 열렸고요. 그 자리는 아직 끝나지 않은 감정이 머무는 자리였습니다.

어느 오후, 조용한 공기 속에서 이 책이 문득 당신을 다시 불러낼지도 모릅니다.

적막 한가운데 문장 하나가 떠오른다면

그 순간, 당신은

이 생을 함께 건너고 있는 사람일지 모릅니다.

목차

우리가 한 생을 건넜다면

<u>프롤로그</u>

1장.   탄생   10
말은 아직,
형체를 얻지 못했고
울음은 머물기만 했습니다.

2장.   길   24
걸음은 멈췄지만
거리만은 멀어지고 있었습니다.

도착한 적은 없는데,
이미 거기서 오래 있던 것처럼.

3장.   기억   42
증거는 없었습니다.
다만 손끝에 머물던
희미한 장면 하나.

4장.   잃음   58
꽃은 꺾이지 않았습니다.
종이 위에 눌린 채,
움직이지 않는 무게만 남았습니다.

5장.   사랑   84
움직임 없이 놓인 그 자리에,
천천히 내려앉는 시간 하나.

6장. **변화** **106**
 끝내 입 밖으로 닿지 못한 무언가.
 소리 없이 자라고 있었고,
 멈춰 있는 것처럼 보이지만
 내부의 결은 천천히 달라지고 있었습니다.

7장. **일기** **124**
 기억은 닳아 있었고,
 방향은 희미해졌습니다.

프로필 **148**
에필로그 **164**

이 시집은 닫히지 않습니다.
페이지가 덮였을 뿐,
말은 아직 멈추지 않았습니다.

지금, 당신은 열두 번째 작가이자 시인입니다.
이름 없이 도착했지만,
당신을 위한 자리는 오래전부터 조용히 비워져 있었습니다.

이어 써도,
그 자리에 머물러도 좋습니다.

무언가를 남겨도 되고,
그저 숨을 고르고 있어도 괜찮습니다.

어느 한 줄이 멈춘 자리에서
다른 시작이 느릿하게 자라납니다.

말로 다 전하지 못한 순간들,
아직 다다르지 않은 마음의 흔들림들이
당신이 남긴 조용한 틈을 따라
다른 누군가에게 옮겨갈 것입니다.

그 전해짐은
소리보다 늦고,
빛보다 깊게 가라앉습니다.

이 책은 완결로 닫히는 이야기를 갖고 있지 않습니다.
누군가의 시작은,
언제나 다른 누군가의 끝자락과 겹쳐질 뿐입니다.

그렇게
당신의 흔적은
익명의 오후,
낯선 책상 위에 조용히 내려앉을 것입니다.

잊고 있던 장면처럼.
입 밖으로 내지 못한 고백처럼.

그래서 이 시집은
닫히는 법을 모릅니다.

지금 이 순간에도,
누군가는 고요히
당신이 남긴 마지막 줄 옆에서
자신의 첫 문장을 찾고 있을 테니까요.

1장   탄생

말은 아직,
형체를 얻지 못했고
울음은 머물기만 했습니다.

탄생

— 류정호

어둠 속 태몽은 희미하게 흩어진다.
그 비밀스러운 꿈속에서
아무도 모르는 숨결이 움튼다.

문이 열림과 함께
철쭉나무 꽃잎 위로 내려앉은 햇살이 미소를 머금는다.

그 미소는
조용히 세상의 문을 연다.

앞으로 나아갈 길을,
그 보이지 않는 길을 일깨우기 위해.

이 모든 것이 이미 시작된 듯이
잔잔한 숨결을 느낀다.

박동

- 김선화

살갗 아래에서 울려 퍼지는 고동
처음 세상을 향해 던져보는 파동
적막을 뚫고 차오른 숨결이
아득한 곳에서 온기를 뿜어낸다

뿌리에게 받은 선율을
오롯이 홀로 두드려가며
얕은 숨결을 거듭하여 생을 품어낸다

어디로 향할지 모르는 길 위에서
눈 맞추며 닿아오는 설레는 손길은
강한 이끌림으로 얽히고 섥히어
온전한 애정을 담아 연분홍 꽃을 피워낸다

첫 기억

- 가시연

너는 눈을 열었다
빛이 푸른 물결처럼 네 안으로 흘러들었다
투명하지만 무거운 빛이었다

숨을 쉬자 세상의 냄새가 밀려들었다
낯설고 부드러운 향기,
이내 온 몸을 휘감아
너를 세상에 단단히 매듭지었다

울음은 곧 미소로 번졌고
세상을 맞는 너의 얼굴 위로
아주 작고 따뜻한 손길이 닿았다

너는 몰랐지만,
그 순간이 너의 첫 선택이었다
너는 세상을 사랑하기로 했고
세상도 너를 사랑하기로 했다

처음이자 영원한 기억은
너의 심장 깊은 곳에
투명한 물방울처럼 고였다

삶이란, 매 순간 새로 태어나는 일
네가 기억하지 못할 때조차
이 기억은 너를 빛으로 물들일 것이다

눈을 감았을 때 - 문석주

너는 눈을 감았다.
빛은 뾰족한 침처럼
검은 막을 찢고 들어왔고,
어둠은 조용히 문을 열었다.

창문이 숨을 참듯 떨렸다.
바람은 유리 틈을 더듬다
마른 입김을 흘렸다.
시간은 등을 돌려
자신의 그림자를 데리고 사라졌다.

네 앞에는 두 갈래 길.
하나는 빛, 하나는 어둠.
선택은 눈꺼풀보다 먼저 끝났고,
너는 무엇 하나 붙잡지 못한 채
손끝으로 잊힌 온기를 더듬었다.

따뜻함은 빠르게 식었고,
시간은 풀린 실처럼
허공에 매달려 흔들렸다.
기억은 바람 속에서
작은 종의 울림처럼 흩어졌다.

귀 기울이면
창을 스치는 바람,
멈춘 발걸음의 흔적,
그리고 침전하는 밤의 낮은 숨소리.

그 순간, 너는 숨을 삼켰다.
세상은 오래된 악보처럼
길게 늘인 쉼으로 가득 찼다.

너는 눈을 감았지만,
어둠은 너를 놓아주지 않았다.
마지막으로 빛이 너를 기억했다.

삶이란, 울림으로 새겨지는 일.
밤이 저물어도,
어둠 속에도,
빛은 끝내 낮은 소리로 남았다.

처음

- 유선미

투명한 빛이 내 피부에 닿는다.
우주를 떠돌던 빛의 끝, 수백만 개의 별들이 쏟아져 내린다.
그중 하나가 내 눈 속으로 스며든다.

작은 심장 소리, 여리고 섬세한 생명의 숨소리,
울음으로만 살아있음을 내보인다.

내가 올려다본 그곳, 뼈와 살의 대가, 아홉 달,
고요한 어둠을 먹고 자라, 내 눈 속의 아름다운 꽃으로 피어
난다.

너는 알까? 나의 꽃이 무엇인지.

새- 하얀

- 정현민

낯선 방에서 은혜가 자라났다
배내옷을 감싼 어린 나에게,
바라보고 바라보며 새로운 형태의 색을 배웠다
세상 하얗다는 그 무엇보다도 하얀 것

그러니까, 순수함의 색이 있었다, 무언가 시작된 산실에,

굳게 감은 눈은
울음만 글썽이며 마주쳐주지 않고
고사리 같은 손만이 물 위를 헤엄치듯
허우적허우적, 하얗게 잔물결을 만든다

새 생명,
성에나 구름처럼 허옇고 물이나 유리처럼 투명한 것
첫 숨은 고요한 눈동자처럼 깊이 잔잔하다
응, 아름답다 무척이나

돌아가는 길

- 오해인

그대를 만나고 돌아가는 길에는
아쉬움에 배를 곯았습니다
이글대는 별을 눈으로 입히고
위장의 발작을 손으로 쓰다듬으며
나를 치워버리고 채워내야만 했습니다

새 생명일 적의 허기
투명한 바람이 남기고 간 향기에
연거푸 고프다 고프다 하는 것은
홀로 갉아댔던 곳이
짝을 만나 부푸는 꿈

바람에도 패인 데가 있다면
당신의 곱게 패인 곳은 나로 메워지겠나요

아침에는 이 모난 꿈 갈피에
한 장을 넘기고
연필마저 새삼스러워
시인이 되었습니다
간밤의 환상이 소복한 속에
다시 당신을 욱여넣는 나날들
오늘이 새로워 죽겠어 몸서리치는
배부른 한 마리의 동물

씨앗   - 수

오늘 새벽, 당신의 "보고 싶어요"라는 문자를 받고 도무지 다시 잠에 들 수 없을 거 같아서,
차마 답장조차 하지 못한 어지러운 마음을 달래려 집 밖을 나섰다.

출근 시간이 한참 남았기에 집 근처 해변가로 발을 돌렸고,
어느새 고개를 든 해가 어린아이의 뺨을 어루듯 물결이 빛을 낸다.

멀리서 보니 수면위로 뿌려진 햇빛이 마치 창가의 얇은 커튼 같이 반짝인다.
만져보면 사르륵 부드러운 촉감일 거 같은 느낌의 파도는 말로는 형용 못할 감정을 싹트게 한다.

아마도 내가 당신을 처음 봤을 때,
당신의 두 눈이 나와 마주치고 입가에 살짝 걸친 그 미소가 나의 마음 속에서
찰랑거리던 그 느낌 그대로의 부드러우면서 울렁거리던 파도.

나는, 내 안의 메마른 땅에 심어진 무명의 씨앗이, 당신, 이라는 이름의 파도가
스며서 발아한 이 감정을, 사랑, 이라고 부르기로 했다.

썸

— 전혜진

단지 피우고 싶음만이 아닌 감정,
종일 내 생각나는 그 봉오리
아니다 말다 애써 부정해도 떠오르는 마음,
서로는 표현이 애달파 밀어냈음을,
남겨진 것들이 어설퍼 먹먹한 속삭임으로 남겨져
상처 입은 서로는 꽃이 돼서 스스로 지었음을,
이제는 눈을 바로 뜨고 서로를 둘러봄을
마음의 꽃도, 지는 나무들도 눈물의 숲을 보았음을
사랑의 시작은 이김이 아니었으리라
아직은 시간이 되지 않았음을 깨달았다
눈물은 그대를 위한 비였음을
찬란한 화재를 위해 지피는 불꽃,
꽃은 한줄기 비를 얻어 화사하게 피어내리
상처를 털고 일어나, 눈부시게 꽃을 피워내리라
한줄기 비였던 눈물이 당신에게는 빛이 되었기를 바라며

花, 길 사이에서

- 채상기

피어나지 못한 마음의 꽃망울을 안고
나는 알 수 없는 길을 걷는다
발자국은 찍혔다 사라지고
남은 아픔이 조용히 꽃으로 피어난다

걸어도 걸어도
흔들리고 불확실한 이 길 위에서
네 눈물이 비가 되어
내 안의 씨앗을 적시는 것을 느낀다

우리는 서로를 스쳐 지나며 자라났구나
서로를 바라보는 마음의 꽃이
눈물의 숲에서 흔들릴 때
눈을 감으면 모든 것이 지워질까

아니, 눈을 감아도 네 향기는 남아있어
서로의 상처를 안아준 눈물 한줄기가
비가 되고 빛이 되어 꽃으로 피어나겠지

멀리서 들려오는 기차 소리처럼
우리의 시간은 떠나갔지만
흩어진 불씨들이 모여

언젠가 다시 빛이 되어 돌아오길

네가 지나간 자리에도 꽃이 피듯
내가 지나간 w임을
비로소 가슴에 새겼다
이 길 끝에서 만날 세상이
우리의 세상이 아닐지라도

그렇게 생각하며 걷는다
지금의 이 길이
아직 이름 없는 꽃을 만나기 위한
가장 따뜻한 여정이라고

2장 ———————————————— 길

걸음은 멈췄지만
거리만은 멀어지고 있었습니다.

도착한 적은 없는데,
이미 거기서 오래 있던 것처럼.

길을 걷다 보면　　　　　　　　- 류정호

어디로 가는지 모르겠어.
발밑의 땅은 자꾸만 튕겨져 나가,
나는 앞으로 가지만
어딘가가 사라지는 기분이야.
눈을 감으면
모든 게 지워질 것 같아.
그래서 멈추지 못해.
너무 멀리가면 돌아올 수 없을까 봐.
뒤돌아보면
뒷사람은 없고
발자국은 찍혔다가 사라져.
이상해.

옆에 선 나무들이 어깨를 툭 치며 묻지만,
나는 대답할 수 없어.
"어디로 가느냐?"
나는 그저 믿을 뿐,
이 길이 계속 이어져서
언젠가 나를 다시 만나게 될 거라고.
멀리서 기차 소리가 들려.
어딘가로 떠나는 소리.
나는 왜 이 길을 가는지 모르겠지만
달려가.

발밑에서 꽃들이 하얗게 흔들려.
누군가는 그 꽃을 잡아보겠지만,
나는 그냥 지나가.
혹시 내가 지나간 자리에도
꽃이 피지 않을까?
아니면, 내가 지나가야만
꽃이 피는 걸까?
그렇게 한 걸음씩 나아갈 때마다
나도 조금씩 변하는 것 같아.
신기해.

눈을 감아볼까.
그럼, 이 길도 사라질까?
혹시 멈추면
다시 돌아갈 수 없을까?
이 길 끝에서 마주할 세상이
내 세상이 아닐지도 몰라.
그런 생각이 들 때마다
나는 또 한 발 내딛어.
아직은 모르겠어.
이 길 끝에 무엇이 있을지.
궁금해

그림자 걸음

- 김선화

아장 아장 내딛는 발걸음이 가벼워
그림자 걸음은 살금 살금 뒤따르지

작은 발이 내딛는 길 위 작은 돌멩이도
휘이- 휘이-
굴러다니는 낙엽들도 멀리 보내며
휘이- 휘이-

콩, 콩 찍히며 앞을 향하는 길 위에
걸음 걸음마다 꽃을 피우며
오색 빛깔 비단길 만들 걸음 위해
그림자는 뒤에서 찍힌 자국을 곱씹어 보지

낮게 부는 바람이 너의 등을 받쳐주길
가벼이 찍힌 자국처럼 항상 가벼운 걸음이길
발밑의 조각난 빛들이 길을 수 놓아
앞이 어두울 때에도 쉬이 내달릴 수 있길

곧은 길 꼬부랑 꼬부랑 걷는 걸음에
힘이 생겨 앞으로 곧게 뻗어나갈 때에도
오늘처럼 네 자국을 곱씹어 밟으며
언젠가 맞이 할 먼 길도 덤덤히 준비해본다

너의 자국, 나의 자국 포개며 걸어가다가도
언젠가 홀로 남겨야 할 나만의 자국을 바라본다
서로 다른 자국을 남기며 걸어갈 그 길에서도
은은한 달빛처럼 비쳐줄 수 있기를 바래보며
앞서 걷는 너를 따라 다시금 걸어본다

바람이 훔쳐간 발자국 - 가시연

길을 걷다 보면 어느 순간 나는 내가 아니다. 아주 짧게, 그러나 명확히.
발끝에서 부서져 흩어지는 먼지처럼
나의 존재는 시간의 흐름 속에 희미해지고,
발자국은 이름 없는 이야기로 남는다.
걸어온 길이 사라지는지,
처음부터 없었는지 알 수 없다.

길 위에서 나는 자주 잊는다.
목적지와 꿈꾸던 얼굴,
심지어 나의 이름조차 흐려진다.
그렇게 하나씩 지워내며 나는 점점 가벼워지고,
텅 빈 나를 부드러운 바람이 지나간다.
잊는다는 건 어쩌면,
삶이 주는 가장 아름다운 선물이다.

어느 순간,
먼 곳에서 다른 사람이 남긴 흔적이 보인다.
희미하지만 선명하게 반짝이는 흔적들,
나는 그들이 나와 같다는 걸 직감한다.
모두가 잊으며 걷고,
잊으며 조금씩 살아가는 것이리라.

결국 나는 걷기 위해 길 위에 서 있는 게 아니라,
멈추고, 숨을 고르고,
다시 걸어갈 힘을 얻기 위해 서 있음을 깨닫는다.

길 끝에 무엇이 있는지 중요하지 않다.
중요한 건 지금,
이 순간을 살아가는 일이다.
이 길 위에서 나는 매일 태어나고,
매일 조용히 사라진다.

남겨지지 않는 법

- 문석주

나는 사라지는 것들의 언어를 배운다.
눈을 감으면 더 선명해지는 윤곽,
손끝에 닿기도 전에 흩어지는 무게.
바람은 모든 것을 지나지만,
아무것도 붙잡지 않는다.

어느 순간 깨닫는다.
길이 나를 지나가는 것인지,
내가 길을 지나치는 것인지.
발걸음은 방향을 잃고,
나는 걷는 것이 아니라,
흩어지고 있는지도 모른다.

발자국은 깊이를 남기지 않는다.
그저 흘러가며 다른 형태로 스며든다.
모래 속으로, 물 위로, 바람이 스친 자리로.
시간은 흔적을 지우는 것이 아니라,
흔적을 다시 바람 속에 흩날릴 뿐이다.

나는 더 이상 묻지 않는다.
이 길이 어디로 가는지,
누가 먼저 지나갔는지.

나는 남기는 것이 아니라,
남겨지지 않는 법을 배운다.

그럼에도, 누군가는 멈추어 서서
지워진 발자국을 더듬을 것이다.
그리고 바람은 속삭일 것이다.
"그는 여기 있었다. 그러나 그는 어디에도 없다."

길 위의 묵상　　　　　　　　　　- 유선미

자그마한 발끝으로, 땅을 내딛자
세상은 담대하게 맞이하며
모든 길을 내어 준다.

첫 발걸음, 떨림 속에 균형을 잃고
금세 쓰러진다.

땅은 지진이 난 듯 요동치고
영혼마저 흔들리는 공포
떨리는 손에 힘을 주고, 입술을 깨물며
다시, 다시 일어선다. 마침내 걷는다.

길은 끝없이 다른 길로 나를 이끈다.
그 시작도, 끝도 모호해진다.

이정표 없는 길,
눈을 감고 마음으로 보아야
비로소 선명해지는 길의 방향
희미한 발자국들이, 내 어깨를 짓누른다.

어떤 날은, 길을 잃고 헤맨다.
어떤 날은, 길 위에 주저앉는다.

어떤 날은, 왔던 길로 다시 돌아간다.

잠시 멈추어,
숨을 들이마시고 내쉰다.

길 위의 바람에게 속삭인다.
"괜찮아. 완벽하지 않아도, 내가 좋아하는 길이니까."
나는 묵묵히 걷는다.

직설

— 정현민

이젠 무릎의 수를 헤아릴 수 없어
오늘은 어디에 닿으려는 걸까
결국 막다른 길 앞에 서면, 그땐 어떤 게 사라질까

하나, 둘, 넷
마주한 벽 수만큼 얼굴을 붉혔어
하나, 둘, 넷
두려움에 고개 숙인 횟수를 세었어

만약에 걷지 않는다면
그럼에도 끝이 있다면
걸어 온 회랑은 모두 하나의 끝인 걸까

벽 앞에 주저앉아, 길 잃은 자의 막막함을 삼켰다

"의외로, 시작과 끝은 반댓말이 아닐지 몰라."
모든 탄생이 사랑을 위하지 않고
모든 죽음이 슬픔을 위하지 않듯
모든 길이 종착지를 위한 건 아니겠지

길 위에서 길의 연속성을 의심한 그날

순수는 흐려지고
끝이 아닌 어딘가에 마지막 걸음을 내딛었다

아무개에게

        - 오해인

새벽마다
물을 틀고 세수하실 적에
무슨 생각을 흘려 보내셨습니까
그 누군가를 헤아리셨습니까
흘러가되 불어나고
쌓여가되 꺼질 것들로
당신의 순수를 파묻었습니까
그만큼 팔자 편한 소리도 없습니까
아무개의 순수를 지키기 위해
당신은 생존으로 전락한 것입니까
당신은 순수를 잃어서
그리도 외롭습니까
사랑하는데 공허합니까
그렇다면
남겨진 저는 왜 더럽혀진 것입니까
내다보는 세상은 왜 아직도 비루한 것입니까

잃어버릴 뻔 했습니다.　　　　　　　　- 수

나는 꿈을 꿉니다. 아침에 비몽사몽 세수를 하며 떠내려가는 물처럼
나도 그대 속으로 빨려들어가 버렸습니다. 그건 내가 어떻게 할 수도 없는 불가항력의 일이었습니다.

하수구에 흘려버린 줄 알았던 기억들이 이따금씩 기억의 수면위로 뜨는걸 보고 있자면,
아직 전부다 바닥에 가라앉지는 않았나 봅니다.

달을 볼 때마다 당신이 생각납니다.

아침에 밝아오는 하늘빛에 사라진 줄 알았던 달의 그림자가 내가 가는 길을 저 건너편
아직 어둑한 하늘에서 어릴 적 내 손을 잡고 부드럽게 바라봐 주시던 엄마의 눈길처럼
아늑하고, 아득해서, 그래서 눈물이 솟았나 봅니다.

오늘따라 아침에 보는 달이 참 아름답습니다.

달빛

― 전혜진

오늘따라 아침에 보는 달이 참 아름답습니다.
어쩌면 당신이 아직 내 안에 있다는 증거 같아서요

햇살 속에 흐려지면서도, 끝내 사라지지 않는 빛,
보이지 않아도, 느껴지는 존재들
처연하게도, 당신은 늘 그런 존재였습니다

지워졌다 믿었던 감정은
어느샌가 다시 피어나
숨결로 번져오고,

그 틈새 나는 또 한 번
당신을 생각합니다.

말하지 못한 마음들이
저 하늘에 빛을 숨기다
오늘 아침, 달빛으로 내려왔나 봅니다.

그리고 나는,
그 빛을 맞이하여
조용히, 초연하게 그대를 그리워합니다

마주잡은 달빛 손   - 채상기

달이 서서히 녹아가는 아침,
저는 어둠과 빛의 사이에 서 있습니다.

당신이 남긴 울림을 더듬으며
아직 오지 않은 당신을 기다리고 있습니다.

지워진 듯 돌아오는 기억 속에
당신의 숨결이 희미하게 남아,
달빛처럼 제 안에 번집니다.

이 길 위에서 내내 흔들렸지만
당신이 남긴 한 줄기 달빛에 기대어
저는 다시 당신을 생각합니다.

발끝에서 흩어지던 모든 것들이
다시금 살아나 당신의 이름이 될 때,
저는 비로소 지평선을 바라봅니다.

이제 달이 완전히 사라지고 나면
당신에게로 가는 길이 열리겠지요,
마침내 맞닿은 우리의 그림자처럼.

3장   기억

증거는 없었습니다.
다만 손끝에 머물던
희미한 장면 하나.

너와 나 사이

- 류정호

너와 마주하면,
공기가 잠시 멈춘 듯
손끝이 스칠 때마다
내 마음도 덩달아 떨린다.
숨을 크게 쉬어 보지만
가슴은 여전히 조금 답답하다.

너는 그저 걸어가고 있을 뿐인데,
발끝은 너를 향하고
두 눈은 조용히 너를 좇는다.
너의 바람이 나를 스치면
내 안의 작은 파도가 부서진다.

눈길이 마주한 찰나
햇살이 너를 감싸고,
너의 작은 손
쥐어진 미소에
말을 꺼낼 수 없이
가슴이 막힌다

우리는 아무 말 없이
조금씩 가까워지고,
내 마음은 너로 가득 차오른다

러브장

- 김선화

조막만한 작은 손으로
오밀조밀 담아낸 마음
어린 손으로 꾹 꾹 눌러 담은
조그마한 흔적들

흔들리는 종이 위에서
잉크로 풀어 놓은 두서 없는 고백이
종이에 스며든 잉크 자국처럼
맘 속을 붉게 물들이며 자리를 잡아간다

손 끝이 피워낸 몽글한 꽃잎은
조용히 향을 피워내어 코 끝을 간질이고
달큰한 향내, 따스한 온기를 담아
고이 접은 작은 네모 안에 듬뿍 담기었다

말없이 건네받은 작은 네모의 공간은
어쩌면 너와 처음 온기를 나눴던 그 포근함을
세월의 끝자락까지 오롯이 담아두기 위해
한 겹, 두 겹 몸을 감싸안고
등을 내어 보이고 있나보다

엄마, 아빠 사랑해요
한 문장에 움푹 담아
수줍어하며 건네는 손길이
어쩜 그리 아리따울까
어쩜 그리 사랑스러울까

손 위에 자리한 작은 네모의 공간으로
내 심장은 한 바퀴 돌고 또 돌아
온기를 둘러 입고 기억에 스미었다

투명한 경계의 온기 － 가시연

온기를 둘러입고 기억에 스미었다.
인생은 결국 너와 나 사이에 놓인 아주 얇고 투명한 막이다.
그 막은 손끝에서 시작되어 조금씩 자라났다.
손끝이 닿던 순간의 희미한 떨림, 말로는 전하지 못했던 미세한 온기와 숨결이 그 투명한 막을 채워갔다.

너와 나 사이의 모든 이야기는 손끝에서 탄생해 기억으로 흘러들었고, 다시 사라짐으로 완성되었다.
우리는 수많은 침묵과 기다림 속에서 서로를 향한 수천 개의 길을 만들었다. 어떤 길은 짧게 닿았고,
어떤 길은 영원히 멀어졌지만, 모든 길 위에 남은 온기만큼은 오랜 흔적을 남겼다.

우리가 서로의 손을 놓아도 사라지지 않는 것, 잊으려 해도 더욱 짙게 스며드는 것은,
서로의 손끝에서 시작된 보이지 않는 흔적이다. 삶이란 결국 그런 흔적들이 쌓여 완성되는 것이다.

너와 나 사이에 흘렀던 아주 희미한 온기, 투명한 이야기의 흐름은 시간의 끝까지 우리를 지켜줄 것이다.
우리는 이 기억 위에 서서, 수많은 삶의 이야기를 끝없이 다시 써 내려갈 것이다.

흔적

- 문석주

삶이란, 결국 그런 흔적들이
겹겹이 쌓여 완성되는 것이다.

그러나 완성이라는 말은
언제나 정리된 착각이다.

흔적은 서로에게 배어 흐르다,
끝내 서로를 밀어낸다.
이름 없는 결로 분해되어, 날지 않는 방향으로 미끄러진다.

어느 순간,
예상치 못한 시간의 옆구리에서
다시 맞물린다.

손끝에서 시작된 떨림이
공기 속으로 번져 나가며
기억과 현실의 경계를 흐릿하게 흔든다.

너는 거기 있었다.
어디에서
언제였을까.
기억 속에서? 지금 여기에서?
아니면, 아직 도착하지 않은

시간의 바깥에서?

벽을 타고 번지는 그림자처럼,
낯선 길모퉁이를 돌아 사라진 사람처럼,
그 흔적들은
어디로, 어떻게 흘러가는가.

우리는 그것들을 잊어야만 하는가?
아니면,
우리가 잊으려는 그 찰나
그것들이 오히려 우리를 선명히 기억하는가.

바람이 지나간 자리는
언제나 비어 있다.
그러나 그 빈 곳은
자기 자신을 은밀히 기억한다.

시간은 한 방향으로 흐르지 않고,
기억은 언제나 삐뚤어진 선이다.
그리고 삶은

돌아오지 않는 날들의 문 앞에, 아직 꺼지지 않은 채 서 있다.

바람이 분다　　　　　　　- 유선미

너라는 바람이 분다.
아주 오래 전부터 알고 있었던 것처럼,

내 삶은 무너져 내린다.
천갈래, 만갈래로 부서져,
바람이 된다.

바다를 보며 하얗게 웃던 너는
흔들림 없는 나무가 되겠다고 했다.

그 약속은 단단한 씨앗이 되어
내 심장을 찢고 뿌리내린다.

바람이 나무를 안고 웃는 소리-

너의 목소리일까?
온 세상은 초록빛으로, 사랑으로 물든다.

시간을 밟고,
마침내 하늘을 향해 치솟는다.

신의 축복이자, 삶의 기적이다.
너와 함께, 나는 구름 위를 걷는다.

우리는 그렇게, 살아간다.

메아리 곡선

- 정현민

그렇게 살아간다 우리는
이미 있는 것을 쉬이 의심하지 않는다

돌을 던지면
어디가 됐든 부딪히는 소리가 나고
던진 돌에 무엇이 쓰러졌나 알지 못한다

돌멩이가 깨지며 빚어낸 찰나의 비명소리도
날 용서치 않고 몇 년은 머릿속에서 메아리친다

삶 어딘가에서 비명을 지르면
또 그 울림을 네가 들으면
사랑을 굽은 팔처럼 품어내고
어쨌든 현실은 진동한다

이걸 우리는 의심하지 않는다 호흡처럼

호소는 대답 없지만 호소이기에
모든 고백이 메아리치지만

존재하는 한 타인이다, 너와 나 사이는

한철 장사

- 오해인

눈이 내릴 때는 매화가 제철인지 몰라 기다리지도 않은 봄이었다

너는 쏟아지는 꽃내음 맞고 서 있었고 나는 눈으로 사진을 찍어대는 게

우리는
꽃구경 나온 사랑에 빠진 연인들이고

다리 위로 열차는 지나가고 취한 연인들은 어기적 어기적 그 밑을 걸어갔다

꽃보다 아름답다는 말로는 부족해서 꽃보다 한철인 네가 가여워서

나는 자꾸만 결혼하자는 이야기를 농담삼아 한다
봄 같은 건 말고 무한한 한철이 피어나길 실없이 고대하며

완벽한 동그라미   - 수

당신, 나(내자신)을 사랑하게 된다는 것에 대해서 생각해 본 적 있으신가요?
그건 동그라미를 완벽하게 그려내는 것이라고 들었습니다.

그래서 그 의미를 정확하게 생각해 보려고 노력했습니다.

그래서 나 자신을 위해 나를 아끼기로 했습니다.
당신을 아끼기 이전에 내가 나를 제대로 돌아보고 있는지 그것이 궁금해서 나를 아끼기로 했습니다.

나를 낮추기 시작하자 당신이 너무나도 신처럼 느껴졌어요.
내가 감히 당신에게 맞는 사람인지 궁금했습니다.
의심했어요. 나는 당신에게 범접하지 못하는 인간 이하의 존재가 아닐까? 그런 의심을 하게 되었습니다.
그래서 나를 먼저 사랑하기로, 그래. 그런 결심을 하게 만들어 줬습니다, 당신이 손을 내밀어 줬을 때 말이죠.

그러자 나의 주변 사람들이 나를 얼마나 위해 줬는지 보였습니다.
나의 엄마, 아빠, 그리고 그렇게도 자주 싸우던 형제들이 보였어요. 이제는 통화할 때 성질부터 부리지 않아요.
내가 당신에게 들려주는 다정함을 가족들에게도 들려주고 싶어겼습니다.
그래서, 그렇게 합니다.

과거의 나는 당신 외에는 필요 없다고 했었지요.
하지만, 당신에게 온전한 정신을 쏟는 나에게 친구들은 항상 잊지 않고 먼저 연락을 해주었습니다.
이제는 그들에게 나는 먼저 연락을 합니다. 필요에 의해서가 아니지요. 마치 당신을 마주하는 것 같습니다.

당신이 나에게 주는 모든 것들을 나는 나의 사람들에게 똑같이 되돌려 주고 싶습니다.
아직은 미흡합니다.
이제 당신은 나의 신이 아닌 사랑스러운 애인으로 온전히 느껴집니다.

항상 사랑합니다.

빛

                                                  - 전혜진

빛은
증명하지 않아도
당신 앞에서 나는
분명히 있었어요.

눈빛 하나,
손끝 하나에
당신이
고요히 스며들었으니까요.

사랑이 나를 비춰주었고
당신이 조용히 지켜보았고
나는 그 안에서
나를 천천히 알아봤어요.

그러니 이제
설명하지 않아도 괜찮아요.

그저 이렇게,
매일 나답게 살아가는 걸로도
나는 충분하다는 걸 알게 되었어요.

정류(停留)하는 바람   - 채상기

창가에 앉아 먼 곳을 바라봤다
손으로 잡히지 않는 무언가가
희미하게 흔들리다 사라졌다

눈을 감으면 선명해지는 것들
네가 웃던 오후, 차가운 손끝의 온기
몇 번이고 되뇌어 보지만
말이 되지 않고 흩어진다

입술 끝에서 맴돌던 단어들이
안개처럼 옷자락에 묻어들다
끝내 아무 소리도 내지 못하고
바람에 묻혀 흘러가 버렸다

햇살이 창문을 지나갈 때마다
침묵도 조금씩 쌓여간다
찢어진 기억의 조각들 위에
꽃잎처럼 내려앉은 그리움

문득, 아득히 먼 그림자 하나가 다가와
잠시 나를 건드리고 지나갔다
모든 것이 언젠가는 지나가지만

어떤 흔적은 지울 수 없다

그 자리에 남겨진 바람처럼
오늘도 나는 이곳에 머물러
창가에 앉아 떠난 것들을 바라본다

4장 —————————————— 잃음

> 꽃은 꺾이지 않았습니다.
> 종이 위에 눌린 채,
> 움직이지 않는 무게만 남았습니다.

잃어버린 것

― 류정호

초록빛 운동장에서
다시 뛰어본다 했던 그날,
그때는 그렇게 뛰고 싶었던 마음이
그냥 지나버렸어.

모퉁이 돌며
어디론가 가고 싶은 마음이,
내게 묻힌 것처럼
오늘도 어제처럼 계속 지나가고 있어.

창문을 열면
옛날로 돌아간다 말하고 싶지만,
그 시절은 빛바랜 사진 속
내려앉은 먼지처럼 쌓여버린 걸.

그때
너와 나,
기억 속에서 조용히
흩어져버린 것만 같아

몇 번이나 다시 들여다보지만,
손에 잡히지 않는걸.

그저 내가 놓친
그날의 그림자가
오늘도 여전히
내 앞에 이름 모를 길
걸어가고 있어.

번진 물감 - 김선화

발을 내딛어 앞을 향하는 등을 보았다
시간이 벌써 이만큼 지났다는 것에
스쳐간 지난 날들이 아득하기만 했다

처음 품에 안았을 때 스며 들었던 온기
작은 손목을 감싸면 울려오던 파동

그림의 시작에는 두려움과 설렘이 담겨 있었지
허나, 바람이 스쳐가며 가져간 시간은
서서히 색을 번지게 했나보다

조금씩
한 점, 두 점
희미해져 가는 그림들이
물 위에 번져가듯
서로 섞이며 흩어져 갔다

눈을 감고 떠올리면
풋풋한 초록의 새싹이었는데
눈 앞의 너의 색은
빨갛고 노랗고 파랗고 다채로웠다

나 홀로 간직한 빛바랜 사진일까
남겨졌으나 잊어버린 기억의 단편일까

멀어져 간 그 기억을 다시금 잡으려 해도
점점 더 흩어져 가는 수면 위의 물감처럼
앞을 향해 내딛는 걸음이 전해준 물결은
또 다른 색을 만드는 여정으로의 인도가 되려나

잃어버렸기에 아름다운 － 가시연

인생은 잃어버린 것들로 이루어진 지도와 같다.
발자국이 지워진 자리에만 길이 태어나고,
추억이 스러진 자리에서만 이야기가 시작된다.

어린 시절의 웃음은
여름 햇살 아래 녹아버린 얼음처럼 달콤했지만
붙잡을 수 없었고,
헤어진 사람의 목소리는
하늘을 가르는 별똥별처럼 선명하게 빛났지만
다시는 돌아오지 않았다.

기억은 언제나 물에 적신 종이 위 글자 같아서,
한순간 또렷하나 결국 스며들어 희미해진다.

우리가 살아낸다는 건,
잃어버린 것들 위에 조용히 쌓아 올리는 일이다.
잃었기에 비로소 발견하게 되는 삶의 비밀,
텅 빈 공간에서 더욱 선명히 빛나는 진실이다.

결국 우리는 사라진 모든 것들 위에서,
새로운 삶의 형상으로 끊임없이 다시 태어난다.
잃어버린다는 것은 사라지는 것이 아니라

삶 속에서 영원히 녹아,
비로소 우리를 완성한다.

어느 저녁, 피아노   - 문석주

창가에 비친 그림자가
천천히 휘어졌다.
빛을 머금었던 책장은
다시 어두워지고,
한 페이지가 저절로 닫힌다.

바람은
말없이 흐른다.
그 결이 지나간 자리에
무언가 오래 남는다.

물잔 옆,
캐모마일의 색은
어느샌가 달라져 있었고.
피아노 건반 아래,
조용한 떨림이
번져 나아간다.

소리는,
눈을 감은 공기처럼
천천히 몸을 일으켰다.

조금씩, 천천히
공간은
무엇으로도 다시 돌아갈 수 없는
방향으로 기운다.

너는 한때 이 자리에서
사소한 이야기들을
차를 젓듯 휘저었다.
손끝으로 잔을 돌리며
느슨한 하루를
풀어놓았지.

그리고 지금
그 조각들은
피아노 건반 위에서
가볍게 흔들리며
깨어나려는 순간,
끝끝내 깨어나지 못하게
더 잠들게 달래는 중이다.

식탁 위,
차는 식어가고

입술에 닿지 않은 가장자리만
조금의 온기를 품고 있다.

손끝에 닿았던 잔열이
빠져나갈 즈음,
주머니에서 무심히 꺼낸
접힌 메모 한 장.
바랜 글씨.
그걸 보는 순간,
아주 오래 전의 대화가
공기 속
작은 먼지들처럼
떠오른다.

그날, 너는
내 맞은편에
앉아 있었고
말은 조용했지만
잔을 돌리던 손엔
오후의 기류가
천천히 머물고 있었다.

무엇도 특별하지 않았지만
그날 이후,

사라진 것이 많다고 느껴지는 오늘이다.

어디선가
피아노는
계속해서 흐르고, 흐른다.
보이지 않는 흐름 위에서
소리는 가볍게 떠오르고,
어느새 우리는
그 안에서
조용히 흔들리고 있었다.

창문 밖 저녁은
서서히 식어간다.
빛은 가라앉고
방 안의 모든 사물들은
서로의 온도를 기억하는 것처럼
조용해진다.

향기처럼 흩어지는 선율이
어디로 흘러가는지 모른 채
남아 있던 흔적들을
가만히 바라본다.

지금도 이 공간 어딘가에
마시다 만 차의 잔열처럼
누군가의 기류는
아직 식지 않은 채
머물러 있을지도 모른다.

그때의 말들, 그때의 숨결.
다시 꺼내지 않아도 되는 것들인데...
피아노는 그것들을
또 불러낸다.

어디로 향하는지 모를 선율이
창가에서 벽을 따라 흐르다
바닥에 눕는다.

그 한 음.

차마 눌리지 못한
그 음 하나가
공간을
천천히 나누어 놓는다.

그제야 알아버린다.
이 시간이, 이 묶음이.
어디선가 이어지고 있었다는 것을.

차는 식었고
누군가는 그 잔을
끝내 마시지 않았다.

그러나, 그 잔 곁엔
말없이
누군가의 기억이
여전히 앉아 있다

한때 우리였던 것들

- 유선미

책꽂이에 오랫동안 꽂혀 있던 일기장을 꺼낸다.
차마 펼치지 못한 채, 한동안 꽁꽁 숨겨두었던 일기장.

그 안에는 나만 아는, 비밀들이 있다.

닫아 버렸던 기억들이 선명히 피어난다.
오래되어 누렇게 바랜 종이 위, 감정이 격해질 때마다 흔들리던 글자들.
가슴을 찌르는 문장들. 너에게 차마 전하지 못하고, 숨죽여 적어 내려간 생각들.

시간이 흘렀어도 그대로이다.

괜찮다. 원한다고 해서 세상의 모든 것을 다 가질 수는 없다.
하나를 움켜쥐려면 다른 것을 놓아야 하고, 무엇을 놓으면 또 다른 것을 얻게 되니까 말이다.
그러니 실패해도, 잃어도 괜찮다.

우리 인생에서 잃어버리는 것들은 시간일 수도, 물건일 수도, 사람일 수도 있다.
그러나 상실의 아픔이 지나고 나면 참는 법을, 그리고 놓는 법을 알게 된다.

잃은 만큼 반드시 얻게 되는 것이 있다.

과거는 지나간 시간이라 아름답고, 미래는 아직 오지 않은 시간이라서 설렌다.
사라진 것들은 언제나 우리를 매료시킨다. 돌아오기 힘들기 때문이다.
가장 아름다운 모습으로, 지난날에 남아 있다.

일기장 사이에 끼워 두었던 마른 꽃잎이 피어날 수 없듯이,
어떤 것들은 우리 미래에는 존재하지 않는다.

그래도 나는, 하루하루 최선을 다할 것이다.

연민은 당신에게 갔다 　　　　- 정현민

못 다 핀 벚꽃 하나 보러 가는 길
1호선 노포행 지하철 노약자석 앞에서 그를 봤다

그는
당연함을 미처 알지 못했다
낡은 껍질의 사탕을 내게 주고
지어가는 자신을 알리기 필사적이었다

종이 한 장 주우려 몇 번이고 숙이는 모습을
곧잘 숙이지 못해 손만 뻗는 모습을
결국 연민 혹 배려 받는 모습을
숙이기 버거워 감사조차 엉성한 모습을 보았다 내가

내가
보았지, 돕지 않았다
내겐 당연한 종이 한 장 줍는 일을
그의 앞에선 주저했다
줄곧 그를 보고 있었는데
가장 봤기에 가장 외면했다

그는
내가 아닌 누군가
에게
도움 받았고

내 마음 속 무언가가
평생 기능을 잃었다

그리고 연민은 당신에게 갔다

클리셰

― 오해인

안녕, 사랑해 마지않는 사람아
나를 연민하는 사람아
단어들이 무거웠다면 미안
너를 사랑하고 나를 연민해야
이 모든 것이 이해될 수 있음에
그렇게 해야 내가 가벼워질 수 있음에

달빛도 꽃봉오리도 네 앞에선 클리셰일 뿐
너 밖엔 온통 A급 위험뿐이다
나는 최대한 방어적이어야만 하겠다
소리 없이 짖겠다
더럽고 유치한 짓을 하는 네가
사실은 제일 예쁘고 예쁘다고
그러니 고결한 것들은 꺼지라고

이왕 유치해진 김에
나는 지지리도 B급이 되겠다
너와 내가 한 몸이라는 걸 안 바
너도 기꺼이 B급일 수 있겠냐고
사랑도 연민도 거기서 나온 걸 알 길이 있느냐고

그토록 싫어하던 클리셰는 너를 위해 쓰인다

우리 사랑은 그래, 진부하다
어쩌면 참신할 지도 모른다
있잖아,
나 고리타분한 글을 쓰는 것이 수치스럽다
그럼에도 너와의 사랑은 고리타분하길 바라는 게 수치스럽다

에두르다   - 수

왜 사랑한다고 말 하지못해?

사랑은 늘 맹목적이지 않아. 사랑은 그 대상을 특별한 경이로 움과 중요성이 부여된 것처럼 착각하니까.
이번엔 내 잘못이 아니라고 말 해봤어.

그동안 당신이 나에게 매번 사랑한다고 말해주지 않아서 내가 그렇게 행동한 것이라고 탓 해보기도 했지.

그렇게 해서 내 마음이 나아졌는지 묻지는 않았으면 해. 전혀 나아지지 않았으니까.
하지만, 당신은 왜 오늘도 사랑한다고 말 하지 못하고, 매번 에두르기 바쁜지 아직도 모르겠어.

나는 오늘도 사랑한다고 말 할거야. 직설적이고 또 나의 마음이 그러해.
경이로운 당신, 사랑해. 하지만, 가끔 표현하지 못하는 그 모습 또한 역설적이게도 미워.

내가 당신의 그러한 모습들도 사랑한다고 말해야 하는 걸까?
아니, 사랑하고 있어.
우리 대화를 했으면 해. 에두르지 않고 우리만의 사랑의 언어를 정해봤으면 좋겠어.

나를 위해 퇴근길에 사오는 붕어빵 말고,
우리가 사랑을 나눌 때 항상 나를 부드럽게 대하는 그런 행동들 말고,
고리타분한 그런 행동들 말고.

사랑한다고 말 해줘.

차라리 상처라면

- 전혜진

이제는 다시 공허해진 이 마음을
도려내주고 가세요.
차라리 상처가 나아요,
텅 빈 채로 버려지는 것보단.

왜 나를 원했나요?
놓는 게 더 쉬웠을 텐데.
당신은 지금도
나락이라고, 거짓말을 하죠.
이미 나를 밀어두고서.

관계는 언젠가부터
귀찮음의 다른 이름이 되었고,
당신의 공백은
이제 내게 낯설고, 무례해요.

나는 믿었어요.
당신이 나를 채워준다고.
아니, 믿고 싶었어요.
그 믿음이 나를 버린 줄도 모르고.

사랑이라 착각하게 만든 죄.

그 죗값으로,
남은 이 마음의 조각,
차라리 가져가 주세요.

먼지가 되어

　　　　　　　　　　　　　　　- 채상기

무엇을 잃었는지조차 잊은 날
방 한가운데,
구겨진 종이처럼 놓인 그림자 하나

네가 있었다는 흔적을 따라
손끝으로 허공을 더듬었지만
흐려진 윤곽은 재처럼 부서져
바닥에 흩날렸다

말라버린 꽃잎처럼
말하지 못한 단어들이 쌓였다
그 먼지는 바람에도 날리지 않았다

마지막 네 목소리는
깨진 유리 조각처럼 흩어졌고
나는 아무 말도 듣지 못한 채
부서진 빛을 주워 담았다
네가 떠난 자리에서
벽이 갈라지듯 세계가 무너졌다
나는 찢어진 종이 위로 길을 만들며
무의미한 문장들을 밟고 걸었다

어쩌면 처음부터 없었던 것일까

어쩌면 내가 만든 환영이었을까

이제 다시,
흩어진 너의 조각들을 줍는다
잃어버린 말을 되찾는 대신
또 다른 침묵 속으로 돌아가기 위해

오늘도 나는
텅 빈 방의 그림자 앞에서
흐트러진 나의 윤곽을
조용히 접는다

5장 ——————————— 사랑

움직임 없이 놓인 그 자리에,
천천히 내려앉는 시간 하나.

침묵의 소멸　　　　　　- 류정호

처음은 아무일도 없었다.
사람들은 여전히 대화를 나눴고,
서로를 바라보았으며,
비 내리는 창가 너머로 손을 흔들었다.

아주 미세한 금이
단어와 단어 사이에 피어났다.
의미가 빠져나가고,
말의 껍질만이 남아 바삭하게 부서졌다.

"희망"이라는 단어가 사라졌을 때,
사람들은 대수롭지 않게 여겼다.
"기대", "꿈", "목표",
대체할 표현은 많았으나
이내 하나둘 사라져갔다.

그 다음은 "사랑"이였다.
연인들은 더 이상 서로에게 감정표현하지 못했다.
'사랑해'라는 말은 공허한 입놀림일 뿐이였고,
혀는 그 사이를 의미없이 핥을 뿐이였다.

우리는 균열위를 걸었다.

날이 갈수록 금은 깊어졌고,
단어들은 조용히 무너져내렸다.
신문은 알 수 없는 기호로 가득 찼고,
법과 지식과 종교는 의미를 잃었다.

이제 사람들은
필사적으로 손짓과 표정으로 소통하려했지만
오래가지 않았다.
우리는 점점 개별적인 존재로 고립되었다.
더는 서로를 이해할 수 없었고,
느낄 수도 없었다.

마지막 단어가 사라진 날,
세상은 완전한 침묵에 휩싸였다.
아무도 기억할 수 없었고,
아무도 말할 수 없었다.
그러나 그 누구도
그것을 두려워 할 수조차 없었다.

닫혀지는 문

- 김선화

조용한 방, 깊어진 정적 속에서
서서히 문이 닫혀져 가고 있었다
노크 소리는 메아리 없이 스러졌고
손잡이에 얹은 손은
서늘한 냉기만을 느끼고 있었다

끼이익-
문의 고통스러운 신음은
소통이 끊어지는 단장의 메아리인지
감정을 끊어내려는 심연의 울음인지

탁.
하고 닫히는 소리
혼란을 마무리하고 싶은 정돈의 소리인지
폭풍의 눈 속으로 네가 자리한 소리인지

살며시 열린 틈새 사이
흘러나오는 한 조각 바람이
깊고도 아득한 심연으로 침잠하는
길고 긴 너의 한숨 같았다

문 너머로 부딪혀 부서져버리는 걱정은
닫히고, 닫히고, 또 닫혔다

문 앞에서 걸음을 멈췄다
노크 한번에 무너질 듯한 세상이 보였다
경첩이 삐걱이는 소리마저 무뎌진 어느 날
심연 끝 바닥에도 떠오른 모래가 가라앉았다

나는 오래도록 가만히 서 있었다
가라앉은 모래가 다시금 떠오르길 기다리고 있었다
언젠가, 다시금 경첩의 울음이 들릴까
조용히, 조용히 숨 죽이며 거울을 보았다

그날이 오면,
나는 어떤 얼굴로 바라봐야 하는 것일까
그날이 오면,
너는 어떤 얼굴로 문을 나설까

닫힌 문 앞에서

- 가시연

세상은 언제나 조금씩 기울어 있었다
발끝으로 닿는 가장자리에서
흔들리는 경계를 만지며
나는 자주 멈추곤 했다

틈새로 새어 나오는 기억은
손바닥 위에 놓인 투명한 새알 같아
가만히 손가락을 접으면
온기를 품고 조용히 부서졌다

거울은 매일 천천히 녹아내렸다
희미해진 얼굴 위로
목소리의 그림자들이 스러지고
무엇이 사라졌는지조차 알지 못한 채
나는 흐릿한 내 모습을 지켜봤다

빈틈은 가장 밝게 빛났다
잃은 후에야 알게 되는 투명한 찬란함
그 앞에 서면
모든 질문이 침묵 속으로 잠겼다

닫힌 문 너머에서 흘러오는

낯설고 서늘한 공기,
틈새에서만 들리는 투명한 속삭임

나는 오래전부터 알고 있었다
삶이란 끊임없이 닫힌 문 앞에서
스스로를 열어가는 일임을
가장 아프고도 빛나는 순간은
언제나 닿을 수 없는 문 너머에 있음을

닫힌 문과 펼쳐진 페이지   -문석주

나는 오래전부터 알아챘다.
누군가를 잃는 일은
닫힌 문 앞에서
자신의 손을
다시 거기로 뻗는 일이라는 것을.

가장 가까운 건
항상 건너편에 있었다.
손잡이는 반대쪽에 있었고,
문은 안에서만 열렸다.

책장을 넘길 때마다
네 문장이 밀려나왔다.
페이지 틈에 눌려 있던 문장들이
종이의 주름을 따라
흘러나왔다.

서랍에는
구겨진 쪽지 한 장.
문장 하나가
비뚤게 적혀 있었다.
"우리는 언젠가 같은 문 앞에 다시 서겠지."

그 말은
긴 밤마다 벽에 붙었다가
아침이면 바닥에 떨어져 있었다.
나는 일으켜 다시 붙였다.
그건 언제나 다시 떨어졌고,
이유를 알 수 없었다.

찻잔에 물을 부었다.
증기는 천장을 긁고,
마시기도 전에
향이 사라졌다.
식어가는 시간 안에서
나는 네가 나간 자리를
천천히 비워냈다.

책갈피에서
빛이 닳은 사진 한 장.
너는 그 안에서
정면을 보지 않았다.
나는 손끝으로
그 방향을 따라가다
중간에 멈췄다.

사진에서 나온 건
얼굴이 아니라
그날의 공기였다.
열이 남아 있지 않은
종이의 냄새,
굳은 테이프 자국.

나는 다시
문 앞에 섰고
한 장을 더 넘겼다.
너는 지금
책 어디쯤에 있나.
어쩌면 네가 넘긴 페이지에도
같은 문장이
찍혀 있을지도 모른다.

나는 오래전부터 알아챘다.
사랑은 사라지는 게 아니라,
단어가 바뀔 뿐이라는 것을.

결국
너와 나는,

잃어버린 문장 옆에서
다시
숨을 멈춘다.

섬광, 우주의 빅뱅 　　　　　　　　　　　- 고복주

번쩍.
까마득한 블랙홀의 안에서, 삐-하고 이명이 들리자

새까매서 보이지 않았던 것이
새하얘 져서도 보이지 않더니,

이내 이명이 멈추고, 섬광이 채도를 낮춰
서서히 떠오르는 눈꺼풀이
아니, 머릿속 장면이
혹은, 육체를 벗어난 내 영혼의 눈이
사르륵 앞으로 다가왔다.

나는, 블랙홀로 추락하지 않았던가?

기억을 더듬어보자
무(無)의 어두운 세계로 추락하여
하염없이 떨어지고 떨어짐을 수만 번 반복하곤,
끝끝내 죽음 뒤에도 영원히 끝나지 않을
블랙홀의 진정한 공포를 깨닫게 되었을 때,

끝자락이라 말할 수 없는 무언가에 부딪혀
번쩍.

까마득한 블랙홀의 안에서, 삐-하고 이명이 들리자

서서히 떠오르는 눈꺼풀이, 아니 무엇인지 모를 눈띄임이
섬광으로 모든 어둠 사이를 밀어내고 밀어내며
번쩍.

아-. 이것이 빅뱅이로구나.
얼얼해진 뺨이, 드디어 모습을 드러낸 섬광의 정체가.
눈 앞의 커다란 손바닥이.

아-. 나를 건져낸 건, 또하나의 우주로구나.

추락
― 정현민

시선이 무서워 어디론가 도망친 너
어떤 편지도 쓰이지 않다가
재회의 날엔 이미 눈이 없다
빛에서 도망치려
섬광에 눈을 들이밀었댔다

바깥의 시선에 겁먹던 너였는데
자신의 눈을 포기한 이유를 모르겠다 아직도

눈을 버린 네게
빛을 잃은 생이 무슨 의미가 있냐 물었다
넌 자신을 향하는 것들은 중요치 않고
그 중심엔 항상 자신이 있단 걸 기억하랬다

두어 달이 지나니 너는 귀도 코도 죽이고
끝내 마음도 죽여 장례식에 올랐다

한 세상이 무너졌다
너는 끝까지 너였다
그리고 네가 없다
가장 아름다운 추락에
어떤 이름조차 소멸했다

기억 속에서 영원히 무너진다
너는
영원히 추락할 자격을 얻었다

소설

― 유선미

그 해를 아직 기억해.
소설의 첫 문장은 이렇게 시작된다.

우연과 필연이 얽혀, 사건을 만들고 이야기가 된다.
밤을 태우며 책 속을 걷는다.

연필로 밑줄을 긋는다.
그 해, 나는 여러 번 죽었다.

그 아래 까만 밑줄,
그 아래 내 마음,
내 마음에,

너의 이름을 썼다 지웠다, 썼다 지웠다.

수많은 밤들,
그렇게 같은 책을 읽으며,
내가 책이 되었다.

마지막 페이지,
마지막 문장은 기억나지 않는다.
책을 덮고, 닫힌 문을 열었다.
방을 나선다.

럽유어셀프

— 오해인

나에게로의 추락,
희생도 결핍도 없고자 하는 것이
사랑이 될 수 있을지를
우리 딱 결론냅시다

장소는 포장마차 혹은 국밥집이 좋겠어요
위스키 아닌 소주가 필요합니다

자리에 앉은 당신은 정갈하네요
'자아가 단단해 보여요.'

하지만 오늘은
정장 속에 숨은 어린 아이에게 말을 걸게요

이건 저글링도 줄다리기도
아니잖아요
책상에 금 긋기에 가깝죠

오래된 약속
금을 넘으면
내 것 좀 주고
네 것 좀 취할 수 있는 것

구차하죠 구차합니다
그렇지 않으면 사랑이 아니니까요
혼자 사라질 거라면 남기는 짓 왜 해요
배설은 왜 하며 시는 왜 씁니까

신도 사랑은 하고 살아요

자, 이제야 눈풀린 당신
마치 신같아요
계속 구질구질해져 봐요
너를 사랑하고 싶다고 말해도 돼요

왜
− 수

왜 나를 원하고 있나요? 그냥 놓아버리면 편한 것을.
지금도 나락으로 떨어지는 기분이라고 거짓말을 하고 있죠, 당신.
우리의 관계는 이렇게 끝나는 걸지도 모르겠어요.

가족도, 친구도 그 누구도 나에게 채움을 주지 못했는데,
당신이 나에게 마음속 깊은 주머니를 작은 알갱이들로 가득 채워주었다고
굳게 믿고 있었어요. 아니, 믿고 싶었어요.

관계의 정의가 귀찮음으로 변질된 게 언제인가요?
전화기 너머로 들리는 공백이 나에게만 어색함으로, 낯선,
동정으로 나를 대하는 그 눈빛마저 이제는 보고 싶지 않아요.

왜 나에게 사랑이라고 착각하게 했나, 가시려거든,
이제는 다시 공허해진 이 주머니를 도려내주고 가세요.

그 자리에 없던 마음

- 전혜진

빛은 창틀까지만 들어오고
그 너머는 한참을 머뭇거렸다.

말 대신 접은 종이들엔
쓰다 만 마음이 눌려 있었고
나는 그것들을
어디에도 붙이지 못했다.

이름 붙이지 않은 감정은
더 오래 남는다 해서
한참을 붙잡고만 있었는데

왜라는 물음이
바닥에 떨어져
어제의 날씨처럼 흐려졌다.

묵언의 조각들

- 채상기

왜라는 물음이 바닥에 떨어져
잊힌 먼지처럼 흩어졌다
나는 그 조각들을 주워
말도 닿지 않는 틈에 쌓아두었다

주머니 속엔 바스러진 먼지뿐
믿음은 찢긴 문장처럼 흩날렸다
네가 빠져나간 말 하나가
조용히 나를 삼켜버렸다

그럼에도 나는 어둠을 더듬는다
반짝일지 모를 한 음절을 찾아
손끝으로 침묵의 주름을 헤집는다

나는 무엇을 찾고 있었을까
네 이름인가, 잃어버린 나의 조각인가
빛도 그림자도 아닌 무언가가
내 안에서 작게 흔들렸다

닿지 않기에 빛나는 것이 있다면
이 거리는 나를 어디로 데려갈까
나는, 어디쯤에서 멈춰야 할까

6장 ─────────────── 변화

끝내 입 밖으로 닿지 못한 무언가.
소리 없이 자라고 있었고,
멈춰 있는 것처럼 보이지만
내부의 결은 천천히 달라지고 있었습니다.

닿을 듯 닿지않는

- 류정호

어두운 방,
차분히 가라앉은 먼지조차
밝게 빛나는 새벽.
별빛은 손에 닿을 듯
고요히 나를 따라온다.

손전등도, 촛불도 없이
흔들리는 공기 속에 깃든
미약한 존재감.
빛은 그 자체로 고독했다.
나는 그것을 이해하고 싶었다.

달빛은 멀리서
고요히 떨어진다.
아름다움이 아니라,
닿지 못하는 거리의 아득함으로
스스로를 증명한다.

눈에 보이는 것이 전부가 아닐 듯,
내부에서 터져 나오는 파동.
내가 놓지 못한
희망이라는 조각.

그 조각난 파편을 쥐고,
그 무게를 가늠해 본다.

손전등

                                              - 김선화

새까만 어둠이 앉은 터널 속
발등을 비추는 하이얀 빛
한 손에 들리운 작은 무게감이
발걸음을 따라 길을 만든다

아직은 낯설고, 흔들리고 있지만
언제나 그렇듯 너의 부름에 응답한다

저벅, 저벅
고요 속을 걸어 갈 때
터널 끝 미세한 빛을 향해
끝 없이 걸어야 할 때

거센 바람에도 꺼지지 않는
든든한 길잡이가 되어 곁을 지키려 한다

네가 걷는 길이
때로는 차갑고 외로울지라도
힘 없이 고개를 떨구었을 때
따스함이 곁에 있음을 알려주고 싶다

언젠가
스스로 빛을 품을 때까지
언젠가
터널 끝, 햇살에 가닿을 때까지

닿지 않는 거리에서 - 가시연

어느 날 문득,
가만히 서서 멀어지는 뒷모습을 바라보았다
내 손끝엔 미처 붙잡지 못한 온기가
투명한 그림자처럼 머물고 있었다

희미해지는 것들은 늘 조용하다
잡으려 할수록 손가락 사이로 흩어지고,
부르면 부를수록 더 아득히 멀어져간다

눈을 감고 숨을 고를 때마다
작고 투명한 아픔들이 밀려왔다
놓쳐버린 기회, 놓쳐버린 이름들
스스로가 만든 침묵이 나를 가득 채웠다

모든 닿을 수 없음이
나를 살아가게 만드는 이유일지 모른다
그리움은 닿지 못한 거리만큼 깊어지고,
기억은 사라진 만큼 투명히 빛난다

결국 나는,
닿지 못한 채로 살아가는 법을 배운다
다가갈 수 없어 더욱 아름답고

닿지 못할수록 빛나는 것이 있음을
알고 있다

닿지 않는 거리에서 탄생하는 것들 　- 문석주

우리는 매일,
무언가를 놓친 채 하루를 지나간다.
시간 너머로 사라진 흔적들,
금방이라도 닿을 것 같던 온기,
언제부턴가 우리의 삶은
없는 것들로 채워져 있다.

멀어지는 것들이 오히려 선명하다.
붙잡지 못했기에,
더 오래 남는다.

닿을 수 없는 것들은
공간이 아니라 방향이다.
그 방향은 종종 언어보다 먼저
우리 안에서 무엇을 흔든다.

그리움은 존재했던 것의 반복이 아니다.
그건, 존재하지 않음으로
더 깊게 새겨지는 또 하나의 생애다.

그러니 우리는
닿지 못한 것을 살아내는 법을
배워야 했다.

빛을 좇던 이는,
도달하는 순간 되레 눈이 멀었고
신을 찾아 떠난 이의 발걸음은
끝내 그 본질에 도달하지 못한 채
다른 무언가를 깨달았다.

진실을 추구하던 이는
가장 마지막에 도달한 그곳에서
가장 허무한 진실을 마주했다.

달은 매일 떠오르지만,
그 빛은
결코 손에 닿지 않는다.

그래서 묻는다.

닿지 않는 것이
정말 사라진 것일까.

어떤 이는,
잊힌 도시의 골목을 걷다가
자신이 기억 속을 걷고 있음을 알아차렸고
그 기억은 재현이 아니라

끝없이 흘러가는 현재로 바뀌었다.

고정되지 않는 거리,
모양 없이 변형되는 시간,
그리고
언제나 시작하지 못한 채
반복되는 하루들.

무언가를 잃고 싶지 않았던 이는
결국 가장 잃기 쉬운 것들을 남겼다.

아무도 도착하지 않은 그 자리에서
누군가는 가장 깊은 이야기를 썼고,
그 서사는
이름 없는 거리의 모서리마다
쉼 없이 흔들리고 있었다.

기억하려 했던 사람은
한 장의 풍경을 붙잡으려다
그 장면 안에서
자신이 잊히고 있음을 깨달았다.

그래서 이제,

우리는 닿지 않는 것들을 사랑해야 한다.
불러보려는 순간 사라지는 그것을,
손에 닿는 순간
사라지는 그것을.

우리는 불가능한 것을 사랑하는 법을
배워야 했다.

가장 멀리 있는 것이
오히려 가장 가까이 남으며,
붙잡히지 않기에
그 감각은 더욱 오래 흔들린다.

하지만,

이 모든 문장은
결론이 될 수 없다.

우리는 여전히
도달하지 못한 거리를 걷고 있고,
그 거리는
사라진 무언가가 아니라,
새로운 무언가의 입구다.

그 거리 위에서
우리는 언어를 만들고
시를 쓰며
다시 처음부터 이야기한다.

그리고,
그 처음에도 닿지 못한 자리에서
우리는 다시,
살아가기 시작한다.

달

- 유선미

까만 밤 속 하얀 달.
방에 불을 꺼 놓아도
홀로 어둠을 껴안고 있는 네가 안쓰럽다.

달은 저 멀리 존재한다.
45억 년의 시간을 거슬러.

닿을 수 없기에 애틋하고 아리다.
날마다 사랑으로 바라보았지만
단 한 번이라도 온전히 품은 적 있었던가?

닿지 않는다고, 잡을 수 없다고
실재하지 않는 것은 아니다.

달이 차면 기운다.
스스로를 덜어내어 비워야
다시 온전히 담아낼 수 있다.

너를 열망했던 시간들.
넘치고 또 넘쳐 결국 병이 들었다.

병든 나는, 영원의 이름으로
스러져가는 너를 소리 없이 부른다.

끝날 때가 되면 끝이 난다.
그때는 아무리 애써도
붙잡을 수 없다

이 곳엔 온통 내리는 것뿐이고,
사랑을 계산하고
꿈을 되짚고 하염없이 눈이 온다.

- 정현민

맞아, 애써도 잡을 수 없어
사랑과 타인의 결합
물을 삼키면 목이 쓰려지고
혀에 차가운 목소리가 감기고
이윽고 봄이 와도
무엇도 녹지않아
겨울은 얼리는 역할이지만
봄은 녹이는 역할이 아니라서

그리고
여기 삭막한 땅엔 눈이 온다.
희미하게

청혼   - 수

나와 그대가 결혼이라니.
얼토당토 않은 말이라고만 생각했었다. 나에게 쥐어진 몇 푼으로
내가 당신을 행복하게 할 수 있으리라곤 생각들지 않았으니까.

하지만, 늘 당신은 누워있는 내 머리맡에 앉아 머리칼을 쓸어내리며 웃고 있었다.

나에게 온전한 희망을 이야기 해보라고 한다면,
그건 단연코 그대의 온기 가득한 봄내음 같은 품안이라고 말할 수 있다.

나는 내가 가로수 빛조차 비추지 않는 거리를 홀로 걷는다고 생각했었다.
걷다가 문득 숨이 차서 한숨을 쉬며 올려다 본 하늘에 반짝임을 보았다.

그때의 내가 보고싶다고 생각들게 만든 당신의 담백한 청혼이 떠오른건
아마도 당신의 미소가 구원이라는걸 깨달았기 때문이겠지.

한 송이 구름

- 전혜진

난 오늘도 안도한다
그의 미소가 구원이라는 걸 깨달았기 때문에,
그래서 나는 오늘도
당신을 향해
한 송이 구름을 접는다.

바람이 그대 쪽으로 불기를 바라며,
외로움 하나, 주머니에 접어
가볍게, 아주 가볍게 걸어간다.

봄이 오기 전에
내 마음의 겨울을 털어
그대 손 위에 놓아주고 싶다.

"괜찮다면
당신의 하루에
나도 조금 껴도 될까요?"

입술끝은 떨렸지만
그 떨림이, 내 진심의 가장자리였다.

연(戀), 첫 물결   - 채상기

밤하늘의 가장자리에서 문득
천장의 반점들이 별이 되었다
손짓 한 번으로 창을 열 수 없던 날들
이제 봄의 숨결이 살며시 닿아온다

창가에 맺히는 아침 이슬처럼
침묵은 때로 투명한 형태를 띠고 맴돌다
불현듯 찾아온 작은 떨림 하나가
오랜 고요함의 거울을 깨뜨린다

한 번도 열리지 않던 문 앞에서
심장이 새롭게 뛰기 시작했다
석양빛 수평선처럼 흔들리는 목소리
곡선의 형태로 귓가에 맺혔다

그때, 우연한 마주침이
낯선 빛깔의 세상을 열었다
손끝으로 세어본 그리움의 무게는
내가 기억하던 것보다 가볍고 투명했다

서로를 오가는 나비의 날음처럼

한 번도 같은 모양을 그리지 않는 심장의 파도
몸 속에서 들리는 작은 북소리의 울림
뛰는 심장만이 아는 새로운 노래

한 번도 걸어보지 않은 길 위에서
꽃잎처럼 부드럽게 내린 미소
내가 내게 속삭이는 수많은 망설임
그 사이로 흘러가는 따스한 용기

미처 알지 못했던 내 안의 연못에
당신이라는 작은 꽃잎이 내려앉았고
이제 그 잔물결은 멈출 줄 모르고

둥근 원을 그리며
   더 깊은 어둠을 지나
      더 빛나는 곳으로
         퍼져간다

7장 ──────────────── 일기

기억은 닳아 있었고,
방향은 희미해졌습니다.

[2025년 3월 14일 PM 05:20]
날씨 맑음   - 수

안녕하세요. 당신.

글쎄요, 뭐부터 말해야 할까요? 그동안 나에게 설렘이란 크게 와닿지 않는 단어라고밖에 설명 드릴 수 없어요.
주변 지인들이 연애를 하거나 누군가를 만난다고 할 때마다 고양된 그런 느낌이 궁금증조차 일지 않았거든요.

당신에게 이 말을 꼭 건네고 싶었어요. 나에게 설렘이 뭔지 알려주러 온 전도사인줄 알았어요.
나에게 간드러진 목소리로 대화를 건넬 때마다 일렁이는 기분이 뭔지
이 마음을 진정시키려 설레임을 사러 다녀오기도 했지요.
(웃음) 이때부터 일지도 모르겠어요
내 마음이 설레임처럼 녹아버린 게.

혹시 제가 말하고자 하는 걸 알아채셨을지도 모르겠지만,
네. 당신이 나에게 설렘이 무엇인지 알려주었다는 말을 하고 싶었어요.
늘 좋은 향기와 함께 다가올 때마다 가슴이 따끔거려서 병원을 가봐야하나 싶었지만,
바보같은 생각이었죠.

아직도 하늘이 밝은걸 보니 이제 해가 점점 길어지나 보네요.
이 시간에 당신은 무엇을 하고 있을지 궁금합니다. 이 두근거림이 당신도 똑같기를 바래요.
나를 생각해줬으면 하는 건 너무나도 큰 욕심일까요?

ps. 사실 나는 설레임을 별로 좋아하지 않았어요.
　어느샌가, 당신이 좋아한다고 한 그날부터 내가 제일 좋아하는 간식이 됐죠.

[2025. 03. 15 AM 07:37]   - 오해인

눈을 떠보니
간밤에 담요가 몸 위로 덮였습니다
덮은 기억은 없군요

아침에는 텀블러를 씻습니다
물을 대충 휘휘 돌리는 것으로는 들러붙은 커피물을 떼내지 못합니다

요 며칠 간은
그런 자국을 남기지 않도록 모조리 털어내는 연습을 하고 있습니다

창밖에는 부지런히 우는 봄 새, 팔이 드러난 소매의 사람들이 지나갑니다만

아직껏 낙엽을 떨지 못한 나무도 있네요
하지만 나무에 꽃이 피려면 지금입니다

잘 지내, 당부하던 당신은 마침내 밤안개 속에서 꽃같이 웃었고

나는 조용히 딱지같은 커피물을 뜯습니다

당신이 눈을 뜨면 커피를 내린 기억 없이도
머리 맡에 새 커피가 있을 겁니다

우리는 마주 앉아 기꺼이 마셔봅시다
이번엔 한 방울도 허락하지 않겠다는 다짐을 하며

[2025. 03. 16 PM 04.04]　　　　　- 전혜진

봄바람, 기억

오랫만에 방 창문을 열었다
봄이 오는지 그새 바람이 따뜻하다

그가 건네주었던 따뜻한 머그컵을 쓰고 있다
당신은 잊었으려나,
손에 익어 놓지 못하고 있다

요즘은 하루하루가 삼추시절 같다

같이 있는 시간이 특별하지 않아도
그게 오히려 마음을 놓게 해주었는데,

나가지 않아도,
같이 앉아 있는 것만으로도
충분한 날들이 있었는데,

그게 아마,
잘 맞았었던 게 아니었을까

오늘도 그런 하루였으면, 봄바람에 기대
그를 생각하는,
조용하고 무던한 그런 날

[2025. 03. 17. AM 07:37]
날씨 : 눈치없이 맑음, 23도   - 가시연

또 한 번이다.

창밖의 날씨가 너무 좋아서 괜히 짜증났다. 밝고 투명한 하늘이 꼭 너랑 나를 비웃는 것처럼 느껴졌다.

오늘따라 커튼 너머 밝은 빛이 자꾸만 눈에 거슬렸다. 너와 나 사이엔 며칠째 넘지 못하는 벽이 서 있었는데, 햇살은 우리와 상관없이 너무 화사했고, 따뜻한 공기는 숨을 막히게 했다.

우리의 싸움은 언제나 시작이 없고 끝도 없다.
지금이 위기인지 아니면 이미 지나쳐 버린 건지, 알 수 없어서 더 갑갑했다.

너는 무덤덤한 얼굴로 밥을 먹었고, 나는 핸드폰만 만지작거렸다. 네가 나를 바라보는 시선엔 무관심이 녹아 있었고, 내가 너를 바라볼 때면 내 안에 숨겨진 서운함이 가시처럼 돋아났다. 서로 피하고 싶었지만, 결국 좁은 식탁에 마주 앉았다.

"이제 그만하자,"라는 한마디가 너의 입술 위에서 춤추다 사라지는 걸 봤다.
차라리 그 말을 꺼내버리지, 너는 말하지 않았고, 나도 먼저 말하지 못했다.

햇살은 점점 더 밝아지고 온도는 점점 올라가는데,
우리는 자꾸만 식어갔다.

네가 마시는 물소리가 유난히 크게 들렸다.
시간이 지날수록 말 못한 것들이 쌓였고,
우리는 마주 앉은 채 각자의 감정을 삼키기에 바빴다.

그래도 한때 우린 서로의 전부였는데,
지금은 멈춰진 장면처럼 침묵 속에서 버텨내는 법을 배우는 중이다.

창밖엔 날씨가 좋고, 웃음 짓는 사람들이 지나가고 있었지만,
나는 이 밝은 날씨가 싫었다.
우리의 관계가 명확하게 드러나는 듯해서,
언제까지고 멈춰버린 이 순간을 더 참기 힘들었다.

결국 우리가 건너지 못하는 건,
서로의 마음이 아니라 무관심이겠지.

오늘따라 이 따뜻한 날씨가 참 시렸다.

[25.03.18 AM 09:27]
날씨 : 조금 춥네 　　　　　　- 류정호

보내지 못할 편지(中)

오리야,
아침에 눈을 뜨자마자 네가 떠올랐어.
잘 잤는지, 춥진 않았는지,
피로는 좀 풀렸는지.
이런 사소한 것들이 궁금해.
그저 그것만 알면 되는데,
다 가진 것만 같을 텐데.

점심을 먹고 나니 다시 생각났어.
뭘 먹었는지, 누구랑 있었는지,
체하진 않았는지,
따뜻했는지.

이따가,
오늘 하루도 잘 살았다고 연락할까?
너 덕분이었다고 해줄까?
그런 척할까?
내가 그래도 될까?

너는 잘 살라고 했지.

건강하고, 밥 잘 챙겨 먹고,
운동하고, 좋은 사람을 만나라고.
하지만 불가능한 것들을 해달라 하잖아.
그게 바로 너잖아.

나는 어떻게 해야 할까.
친구로라도 남아볼까.
인사 한마디라도 건네볼까.
그게 너를 더 힘들게 할까.

더는 그럴 자격이 없다는 사실이,
사무치게 아려와.

눈물이 고였다가,
참았다가,
사라지고를 반복해.

추워.
사무이.
메차 사무이.

ps. 이 편지는 보내지 않을 거야.
    네가 편해지기를 바래서,
    내가 사라지는 게 더 맞을 것 같아서.

[2025년 3월 15일, PM 03:15]   - 채상기

나도 모르게 눈이 떠진 새벽이 언제부터였는지 모르겠다.
잠들어야 하는 밤에도 현실에서 헤매이는 의식 속에
너에게 전하지 않은 말들이 물결처럼 밀려왔다.
언젠가 네가 보낸 편지를 펼쳐 보다가,
네가 썼던 '잘 지내'라는 단어 위로
손가락을 얹었다.

모든 게 낯설어진다.
창밖의 하늘, 소음마저 없던 거리,
하루 종일 머리맡에서 식어가던 커피 잔까지도.
네가 이 방을 떠난 후, 나는 많은 습관들을 버렸다.

그러나 나는 잘 지내고 있는 걸까.
너의 부재를 메우려고 새로운 것들을 채워보지만,
이 모든 것들은 오히려 네 흔적을 선명하게 만들 뿐이다.

어쩌면 너의 말대로 잘 살아가는 것이
가장 슬픈 복수인지도 모르겠다.

창가에 기대어 멍하니 바라본 밖의 비오는 거리..
너에게 보내지 못한 메시지를 몇 번이고 적었다 지웠다.
아무도 보지 않을, 오직 나만의 문장들로 채워진 일기장 위에서 나는 여전히 너를 앓고 있다.

씻겨져야 하는 너와 보낸 시간이 자꾸만 번져서,
결국 나는 아무것도 지우지 못하고
덧칠된 채로 하루를 살아낸다.

창밖으로 떨어진 빗방울이
너를 닮았다.

새로워야 하는 오늘, 나직이 혼잣말을 했다.
"보고 싶어"
아무도 듣지 않는 이 고백이
일기장 페이지 속에서만 울려 퍼진다.
내일도, 그리고 또 모레도.

[2025년 3월 16일, AM 01:14]
날씨 : 기억 안남
- 문석주

어제도, 오늘도, 내일도. 그리고 곧 도착할 내일모레도.
사랑은 오래된 골목처럼, 아무도 눈길 주지 않아도 그 자리를 지키고 있었다.
잊고 있었는데, 돌아보면 늘 그 모퉁이에 있었다. 먼지가 쌓였지만, 사라지진 않았다.

사랑은 이름을 바꾸고, 얼굴을 바꿔가며 시간을 통과한다.
어떤 날은 너무 익숙해서 보이지 않았고, 어떤 날은 너무 낯설어서 외면했다.

아침부터 하늘은 낮게 내려앉았다. 회색빛 구름이 빼곡했고, 거리의 걸음들도 그 아래 눌려 있었다.
그러다 아주 잠깐, 무대 조명이 켜지듯 구름이 걷히고 빛이 들었다.
나는 그때야 깨달았다. 빛은 늘 거기 있었다는 걸. 흐림의 틈에서도, 조용히.
사랑도 그런 것이었다. 일부러 찾지 않아도, 가만히 그곳에서 기다리는 것.

할머니의 손은 오래된 담요 같았다.
실밥이 벌어진 자리가 있었지만, 그 따뜻함은 늘 같은 곳에 머물렀다.

이마를 쓰다듬는 손길 아래에서 말수가 줄었다.
내가 아닌 무언가가 말하고 있었기 때문이다.
그 손끝에서 나는 알았다.
다정함은 시간이 깃든 흔적이라는 걸. 닳아 있는 모서리에서만 나오는 기척이라는 걸.

큰고모의 사랑은 날씨 예보와 같았다.
맑다고 했던 날, 짧은 돌풍처럼 서운한 말이 스쳐 지나갔고,
비가 그쳤다고 했던 날, 뜻밖의 웃음이 다시 쏟아졌다.

"석주야, 얼굴 왜 이렇게 말랐어? 굶은 거 아니지?"
"근데 요즘 좀 둥글어진 거 같다. 그만 먹어야겠다."
"내가 제일 예쁘다고 했던 거 기억나지? 근데 오늘 보니까 그 말, 약간 수정해야겠더라."

예측은 늘 빗나갔지만,
그 안에 감춰진 마음은 늘 정직했다.
사랑이란, 때로는 소란하고 버거워도
그 변덕 속에서 남는 온도를 믿는 일인지도 모른다.

아빠의 사랑은 오래된 우산과 닮아 있었다.
늘 자취를 감추고 있다가, 비가 오면 먼저 펼쳐졌다.

내가 도착하기도 전에,
부탁하지도 않았는데
그는 나보다 먼저 우산을 들고 있었다.

감사하다고 말하면
아무렇지 않게 고개를 끄덕일 뿐.
다음 날도, 똑같은 자리에 똑같은 방식으로.
사랑은 가장 소란 없는 방식으로
가장 빠르게 도착하는 것. 말이 아니라, 기다림으로.

고양이를 바라보면, 사랑이란 게 조금 보였다.
어떤 날은 품에 파고들었고, 어떤 날은 눈도 마주치지 않았다.
그러나 이상하게도, 하루의 대부분을 내 곁에 두고 있었다.
가끔은 나를 바라보지 않아도, 등을 돌린 채 같은 공간에 있다는 것만으로 충분했다.
그 작은 생명은 내게 가르쳐주었다.
사랑은 항상 다정할 필요는 없으며,
어떤 날은 말없이 멀리 앉아 있는 것도 하나의 방식이 된다는 걸.

우정은 오래된 라디오 주파수 같았다.
가끔은 잡음이 섞였고, 가끔은 아무 소리도 들리지 않았다.
그러나 주파수를 조금만 조정하면,

언제든 다시 들려왔다.
서로가 낯설게 느껴지는 날도 있었지만
우리는 결국 같은 채널로 돌아갔다.
확인받지 않아도, 멀어져도, 우정은 늘 제자리를 찾았다.
말을 아껴도 괜찮다는 걸
그들이 나에게 알려주었다.

하루가 저물고, 비가 다시 내리기 시작했다.
천천하게.
창밖을 타고 흐르는 빗물은
지워지지 않은 감정들처럼 유리창에 남았다.
사랑은 그런 것이었다.
소리 없이 스며들고, 나중에야 알아차리는 것.
완전히 사라진 줄 알았던 무언가가
다시 나타나는 방식.

겹겹이 덧칠된 그림을 떠올렸다.
지운 줄 알았던 색이 가장 아래에 남아 있고,
그 위에 무수한 마음이 덧입혀져 있었다.
사랑은 꼭 처음의 감정처럼 명확하진 않았지만,
가장 오래 남는 건
끝까지 지워지지 않는 흔적이었다.

손으로 문질러도
그 아래의 감정은 여전히 살아 있었다.

그리고 오늘, 나는 깨닫는다.
사랑은 결국, 나 자신에게 건네는 말이라는 것을.
넘어진 날들을 견딘 나에게,
말없이 버텨온 나에게,
조금은 서툴러도, 지워지지 않은 나에게
건네는 짧고 조용한 고백.

그게 가장 어려운 사랑이지만,
아무도 대신해줄 수 없는 사랑이라는 걸.
내가 나를 미워하지 않는 일.
그 작은 용기가, 사랑의 시작이었다.

어제도, 오늘도, 내일도,
그리고 곧 다가올 내일모레도.
사랑은 멀어지지 않았다.
내가 알아차리지 못했을 뿐.
그건 꼭 손자국처럼,
창문을 닦아도 완전히 사라지지 않는 무늬로 남았다.

비가 다시 그치고,
희미한 빛이 방 안으로 들어올 때
나는 그것을 본다.

시계가 새벽 1시 14분을 가리킬 무렵,
창문 틈으로 스며든 빗내음이
오래된 멜로디처럼 천천히 머물렀다.

그 낯익은 냄새 안에서
나는 말없이 고개를 돌린다.
말하지 않고도,
무언가가 곁에 있는 것처럼 느껴졌다.

[2025. 03. 17 PM 07:49]
날씨 : 보랏빛 저녁 노을이 다정했던 밤

- 김선화

결국, 이 곳에는 당신과 나만이 남았네요
우리의 사랑으로 시작 된 이 공간에는
이렇듯, 우리만이 남았어요

허전하고 공허하고 가슴이 텅 비어버린
미지근한 온기만 남아 잔향만을 간직한
생이 말라버린 나뭇가지 같은 공간에 말이에요

식어 버린 가죽 위로 당신의 손이 와 닿았네요
나무껍질 같은 까칠함이 오늘따라 다정했어요
서로의 온기를 나눈 것이 이토록 생경할지는
닿기 전까지 알 수도, 알려고 하지도 않았었네요

한 때는 소란스러웠고 한 때는 복닥였지만
지금은 고요하고 이렇듯 잔잔해졌어요
그럼에도 내 곁에는 농밀한 온기가 자리했네요

오래도록 간직해온 고아한 당신의 마음이
갓 한 밥의 달큰한 내음처럼 입안을 맴돌며 간질입니다
오늘 저녁, 당신의 고아함을 크게 한 술 먹었습니다

[2025년 3월 20일, PM 04 :04]
날씨: 구름이 걸음을 늦추다, 부드러운 바람에 기대어

— 전혜진

당신의 고아함을 크게 한 술 먹었습니다.
목울대가 잠시 뜨거워졌다가,
이내 부드럽게 식어가는 것을 느꼈어요.
아무 말도 하지 않았지만,
오늘 나는 당신을 천천히 놓고 있었는지도 몰라요.

무화과 차에 김이 오르고,
그 향이 창문 쪽으로 천천히 기울었을 때,
나는 스스로에게 말했죠.
다시 사랑해도 될 것 같다고.

새로운 온기는 언제나 느리게 다가오더군요.
다림질을 멈춘 손끝,
풀리지 않은 단추 하나,
그 어딘가에 아주 조용히 앉아 있다가
마치 익숙한 음악처럼 문득 나를 쳐다봅니다.

사랑은 거창한 것이 아니라는 걸,
당신에게 배웠습니다.
말보다는 온기였고,
기억보다는 지금 여기에 남은 냄새였죠.

오늘, 누군가의 말 한 조각에 마음이 조용히 흔들렸어요.
그 사람의 목소리는 어딘가 익숙했고,
그 익숙함은 무서움이 아니라
다시 걸어도 좋겠다는 허락처럼 들렸어요.

[2025년 3월 18일, PM 06:31]   - 유선미

당신의 편지 잘 받았습니다. 잘 지내고 계시나요?
당신이 있는 곳에서, 가족과 행복하신가요?

당신의 편지를 통해, 내가 그토록 알고 싶었던 질문에 대한 답을 찾았습니다.
당신이 있었기에, 저는 좋은 사람이 되려고 노력하고 있습니다.
하루하루, 나를 되돌아보며 살아가고 있습니다.
하지만 아무리 발버둥쳐도 당신의 문장들이 제 심장을 울립니다.
당신은 세상에서 가장 비겁한 거짓말쟁이입니다.

떠나기로 마음먹었으면, 끝까지 아무 말도 하지 말아야 했습니다.
그런데도 당신은 끝내, 그 말을 했습니다.
후회하지 않는다. 적어도 사랑했던 적이 있다. 그래서 죽음도 두렵지 않다.

저도 얄미운 당신께, 마지막 답을 보냅니다.
후회합니다. 아직도 사랑하고 있습니다.
그래서 혼자 남겨진 앞으로의 모든 것이 두렵습니다.
당신이 그렇게 염원하던 '행운'이, 부디 당신 손에 닿기를. 안녕히 계세요.

[2025년 3월 19일, PM 11:29]   - 고복주

빙글빙글 빙그르르
인생을 담은 한잔을 걸쳤더니
세상이 도는건지 내가 돌은건지

아침햇살에 정신을 차리고 보니
구수한 김치찌개 냄새가 보글보글,
푹신한 계란찜이 부들부들,
속이 뒤집어진건지 당신이 토닥여주는건지

가물가물 지난밤의 몹쓸 기억들이
울긋불긋 두 볼을 타고 올라와
부글부글 김치찌개 한 입에
부끄러운 건지 열이 오르는건지
속이 가라앉는건지 생기가 도는건지

아, 그 무엇인들 어떠하리

취함이 있은 뒤 깨어남이 있고
밤이 지난 뒤 아침이 오고
밖으로 돌다 돌아올 집이 있어
피곤한 하루의 끝에 나를 안아주는 당신이 있고,
하루종일 그리운 쇼파에 기댈 몸이 있고,

폭신한 침대에 함께 누울 옆자리가 있으니

아, 그 무엇인들 어떠하리

사소한 지난날은 흘러가고
소소한 행복은 내 옆에 이렇게.
돌고돌다 내 자리를 찾았고,
거창할 줄만 알았던 서사는 사실
별것없던 하루의 끝에
끝이 보이지 않는 인생의 굴레에
빙글빙글 영원히 도는 것은

아, 사랑이란.
무엇인들 어떠하리

[2025년 3월 21일, PM 07:14]   - 채상기

사랑은, 둘이 서는 것
사랑은 서로의 중심을
침범하지 않는 거리에서
같은 쪽으로 기울지 않고
같은 쪽을 바라보는 일이다
마주 보기보다
나란히 서서 같은 속도로 걸어가는 것
때로는
한 발 늦게 따라가고
때로는 먼저 멈추어 기다리는 것
바람이 불면
잡아주기보다
흔들리는 쪽의 속도로
함께 흔들려주는 일
사랑은 누군가를 바꾸는 것이 아니라
서로 다른 채로
오래 머무는 방법을
조용히 익혀가는 일이다
그리고
끝내 누구도 작아지지 않은 채
같은 자리에서 서로를 향해
고개를 숙이는 마음
그것이, 사랑이 선택한 가장 조용한 존중이다.

프로필

문석주 | 국제문인협회 회원

말씀드리자면, 저는 그저 단어를 나열하지 않아요.
흐름은 예고 없이 틀어지고, 저만치 멀어지기도 하죠. 형태를 갖기 전의 언어를 조심스럽게 다듬으며, 아직 불린 적 없는 기척을 따라갑니다.

예측은 늘 무너지기 위해 생겨났고, 확신은 머물다가 조용히 자리를 비웁니다. 붙잡으려 할수록 멀어지지만, 바라만 두면 오래 곁에 머뭅니다. 창가에 걸린 커튼 자락처럼요. 움직임은 없지만, 바람이 먼저 다녀갔던 자리는 남거든요.

어느 순간, 잠들었던 문장이 다시 고개를 들고, 지나간 장면이 말없이 등을 밀어옵니다. 선명하던 경계는 물처럼 흩어지고, 익숙함은 옅어지며 낯선 결로 덧입혀지죠.

그게 정확히 무엇이었는지는 말하지 않겠습니다.
빛이었을지도 모르고, 빛이 머물다간 자리였을 수도 있으니까요.

저는 질문만 남긴 채, 그 끝을 비워둡니다.
지금, 당신이 이 글을 읽고 있다고 믿고 계신가요.
그러나 어쩌면 이 문장이,
지금 당신을 읽고 있는지도 모릅니다.

@nwsugm

류정호

좋은 질문에는 언제나 좋은 대화가 깃든다고 믿습니다.
인생은 답을 찾아가는 길이라기보다,
질문이 머무는 자리를 따라가는 일이라고 생각합니다.

인(因)과 생(生),
그저 살아가는 일과
어쩔 수 없이 살아내야만 했던 순간들 사이에서
말보다 먼저 다가오는 느낌들이 있습니다.

나는 그 조용한 틈에서
떠오르는 질문들을 담습니다.
정리되지 않아도 괜찮은 물음들,
완성되지 않아도 오래 머무는 생각들.

그것이 하나의 문장이 되어
누군가의 하루를 건드릴 수 있다면,
그걸로 충분하다고 여깁니다.

답을 쓰기 위해 글을 적지는 않습니다.
질문이 남긴 자취,
그 여운을 따라
오늘도 한 줄씩 적어봅니다..

@rj.5__ho

김선화

필명은 Gin, 아호는 錦草(금초)입니다.
비단처럼 부드럽고, 풀처럼 단단한 결을 지닌 글을 오래도록 품고 싶습니다.

저는 토토로와, 1호·2호·3호라 부르는 사랑스러운 존재들과 함께
소소한 일상 속에서 글을 배웁니다.
'초보 끄적이'라 말하지만,
시는 물론 산문과 소설 사이를 천천히 걷습니다.
마음에 닿은 것들을 조용히 옮겨 적는 시간을 소중히 여기며,
눈으로 들어온 풍경과 마음에 남은 온기를
문장으로 풀어냅니다.

그렇게 적어낸 글이
누군가의 하루에 작은 그림처럼
스며들 수 있기를 바랍니다.

현실과 상상의 경계에서 자주 멈추곤 하지만,
그 멈춤 속에서 떠오른 한 줄이
어떤 이의 마음에 가만히 머물러주기를
조용히 바라며 글을 씁니다.
'錦草'는 글을 함께 나누는 소중한 친구 분께서

선물해 주신 이름입니다.
이름처럼, 저의 글도 섬세하면서도
쉽게 사라지지 않는 결을 지니기를 바랍니다.

잠시 스치고 지나가는 문장이더라도,
한 번쯤 마음 어딘가를 가볍게 흔들어주는
그런 글이 되기를
늘 조심스럽게 꿈꿉니다.

@kimseonhwa734

가시연

안개가 머무는 새벽, 조용히
이름보다 먼저 마음이 움직였고,
말보다 먼저 침묵을 배웠습니다.

세상의 단어들을 하나씩 모아
별자리처럼 꿰어보는 일을 좋아합니다.
아직 말로 닿지 않은 감정들엔
작은 이름을 붙여주며,
그 마음이 외롭지 않기를 바라는 사람입니다.

익숙한 하루 속에서도

작고 섬세한 결을 놓치지 않으려
늘, 조금 더 천천히
조금 더 깊이 바라봅니다.

누군가의 눈에는 사소해 보일지 몰라도
그 안에 담긴 의미를 조용히 들여다보는 걸
소중히 여깁니다.

부드럽게, 그러나 쉽게 흔들리지 않는 마음으로
당신의 내면 어딘가에 가닿을 수 있는
조용한 문장을 쓰고 싶습니다.

세상과 부딪히며 치열하게 살아가되,
그 모든 이야기를 다 보여주기보단
가끔은 살짝 감춰두는 게
더 아름답다고 믿습니다.

그래서 제 글은 쉽게 읽히지 않을지 몰라도
한 번 마음에 스며들면
오래도록 잊히지 않았으면 합니다.

그런 글을, 그런 마음을
오늘도 조용히, 따뜻하게 이어가고 있습니다.

@ctrlzpoet

유선미

저는 노을이 지는 시간을 유독 좋아합니다.
하루가 천천히 접히는 그 순간, 세상은 마치 잠시 멈춘 듯 조용해지고,
제 마음 깊은 곳에 오래 눌러두었던 생각들이
조용히 물결처럼 일어납니다.

주황빛에서 보랏빛으로,
그리고 푸른 어둠으로 천천히 바뀌어가는 하늘을 바라보며,
색이 바랜 나무 책상 앞에 앉습니다.
그곳에서, 제 글들이 태어납니다.

소리 없이 흐르는 시간 속에서
펜 끝에 걸린 감정들이 하나씩 종이에 내려앉습니다.
글을 쓰는 일은 언제나 처음처럼 설레고,
무언가 피어나는 순간의 기적처럼 느껴집니다.

글은 제 첫사랑이며,
매일을 살아내게 하는 고요한 힘이고,
가끔은 꿈처럼 다가오는 빛입니다.

아주 작고 평범한 하루의 조각이

문장이 되는 그 순간을
저는 누구보다 소중하게 여깁니다.

책을 사랑합니다.
세상의 모든 이야기가 그 안에서 살아 있고,
지나간 마음도, 아직 오지 않은 장면들도
언제나 그 속에서 천천히 피어납니다.

그래서 저 역시,
제 이야기를 그 안에 조금씩 담아가고 싶습니다.
누군가의 하루 끝에 조용히 머물며,
문득 마음을 어루만지는 문장이 되기를 바랍니다.

그리하여 오늘도,
익숙한 책상 앞에 앉아
소란스럽지 않은 진심을
조심스럽게 꺼내고 있습니다.

@sun_mi_1228

수

Seeking Miracle
기적을 찾고 있습니다. 그리고, 솔직히 말하면… 조금은 바라고도 있어요.

'기적'이라는 말, 참 멀고 거창하게 들리지만
제게 기적은 아주 단순하고도 깊은 장면에서 시작됐습니다.
로빈 윌리엄스가 주연한 영화 What Dreams May Come을 보던 날,
'사랑'이야말로 내가 평생 찾아 헤매던 기적 아닐까?
하는 생각이 문득 들었거든요.

그 이후로, 제 관심사는 꽤 뚜렷해졌습니다.
사랑이라는 감정을 어떻게 말로 꺼내놓을 수 있을까.
어떻게 하면 누구든 고개를 끄덕일 만큼,
나만의 방식으로 사랑을 이해시키고 전할 수 있을까.

'사랑을 말하는 작가'가 되는 것.
그게 어쩌면 저의 꿈이고,
그 꿈을 현실에 닿게 만드는 일이
제가 글을 쓰는 이유입니다.

감정을 꾸미지 않고,
그렇다고 무겁게 들이밀지도 않는
자연스러운 말투로 당신 마음에
툭, 하고 가닿는 문장을 쓰고 싶습니다.

기적을 찾는다는 건,
어쩌면 매일 사랑을 쓰는 일인지도 모르니까요.

@soohyungpang

전혜진

하루의 끝마다 작은 습관이 있습니다.
고요한 방, 조용한 마음, 그리고 다이어리 한 장.
그날의 말들, 지나친 표정들, 마음에 오래 남은 온도들을
조심스레 적어 내려갑니다.

글은 제게 오래된 대화이자, 가장 솔직한 친구 같았어요.

한때 저는 외제차 딜러였습니다.
하지만 반짝이는 차보다,
그 차를 고르던 사람들의 눈빛을 더 오래 기억하곤 했지요.

겉보다 안이 더 궁금했고,
보여지는 것보다 느껴지는 것이 더 중요했어요.

그래서 결국, 사람을 아름답게 만드는 일로 발걸음을 옮겼습니다.

지금은 헤어디자이너로서 많은 사람들과 마주하며,
외면은 물론 마음까지 환해지는 순간들을 함께 만들어가고 있어요.

그 따뜻한 마주침들 덕분에,
저는 다시 글을 쓰게 되었습니다.

아름다움은 형태가 아니라 마음에서 피어난다는 걸,
매일 느끼니까요.

그래서 이제는 글로도
누군가의 하루에 스며들고 싶습니다.

작고 조용하지만,
오래 남는 문장으로.

저는 거창한 언어보다는
다정한 말투를 믿습니다.

누군가의 마음에 천천히 닿을 수 있다면,
그걸로 충분하다고 생각합니다.

글을 씁니다.
사람을 사랑하면서.

그리고 언젠가, 이 글들이
누군가에게 작고 반짝이는 쉼이 될 수 있기를 바랍니다.

@ j.__.elly__

고복주

"The secret makes women women."
비밀은 여자를 여성스럽게 만든다.

명탐정 코난 속 한 악역 여자가 던진 이 한마디를, 채 열 살쯤 되었던 저는 이상하리만치 또렷하게 기억합니다.
그 말을 듣던 순간의 공기, 화면의 색감, 그리고 이상하게도 마음 깊은 곳이 묘하게 울렸던 감정까지도.

열 살 남짓한 아이가 이 대사의 의미를 온전히 이해했을 리는 없겠지요.

저조차도 그 뜻을 명확히 알진 못했지만,
아마도 그때부터 저는 '드러냄보다 감춤에 진실이 있다'는
사실을 아주 어린 감각으로 받아들이고 있었는지도
모릅니다.

살아오면서 저는 늘 인간친화적인 가면을 써왔습니다.
예의 바르고 유순한 표정, 적절한 감정 조절,
때로는 듣고 싶지 않은 말에도 고개를 끄덕이며.

하지만 그것이 '허위'라고는 생각하지 않습니다.
우리는 모두 살아남기 위해, 그리고 서로를 이해하기 위해
자신을 조정하고 타인의 기대에 적응하니까요.

그 가면을 쓰는 일이 과연 비난받아야 할까요?
혹은 칭찬받아야 할 선택일까요?

저는 그것이 옳고 그름의 문제가 아니라,
인간이라는 존재의 본질일지도 모른다고 생각합니다.

진리는 결코 인간의 손에 닿지 않습니다.
그저 인간이 만든 선악의 잣대 안에서
드러냄과 감춤이 엇갈릴 뿐.
진리는 인간에게 '존재'하기보다는, 늘 멀리 있습니다.

이 시선으로 저는
사회와 시대, 역사와 인간을 감히 비판해보고자 합니다.

오늘날, 당신과 내가 다르지 않다는 것.
드러내지 못한 우리의 민낯을,
문학이라는 힘을 빌려 이야기하고 싶습니다.

@yul.eee

정현민

모두가 시를 쓰며 사는 건 아닙니다.
그리고 모두가 시를 읽으며 사는 것도, 아닐 겁니다.

시는 인생의 전부가 아니지만,
인생이 제 시의 전부라는 사실은 꽤 오래 고민한 끝에야 알게
되었습니다.

제 시가 어딘가 다듬어지지 않았고,
예쁜 문장을 제대로 써내지 못하는 이유는
그 문장들이 결국 제 생을 닮았기 때문입니다.

부끄럽고, 엉성하고, 자주 흔들리면서도
어떻게든 이어가려는 마음 같은 것들.

시는 종종 독자의 감상을 위해 존재한다고들 하지만,
제가 시를 쓰며 알게 된 건
결국 가장 명확하게 남는 건 작가 스스로의 의도라는 점이었습니다.

그래서 어쩌면 아무 의미 없어 보일 문장들을
조심스럽게 꺼내며, 그럼에도 누군가 어딘가에서
"나도 이 기분, 안다"고 말해주길 바라게 됩니다.

저는 왼손잡이처럼 글씨를 쓰지만,
사실은 오른손이 더 편한 사람이고,
글자의 획수를 멋대로 줄여 쓰는 습관도 고치지 못한 채
오늘도 한 자, 한 자를 적어봅니다.

그 가운데 '중심(中心)'이라는 단어는
평소엔 열 획이지만, 오늘은 – 제가 쓸 때만 유독
아홉 획으로 남겨졌습니다.

그렇게 조금씩 어긋난 흔적으로,
저를 남기고 있습니다.

어쩌면 지금 이 글도,
제가 모르는 제 습관 중 하나일지도 모릅니다.

@trip.o_ha

오해인

"저는, 여러분의 틈에 조용히 스며드는 빛이고 싶습니다."
말없이 다가가 마음의 그늘을 건드리고, 닿지 않은 자리에 은은히 머무는 존재.
빛은 언제나 환한 것만은 아니기에 —
가로막힐 때 더 눈부시고, 꺾일 때 더 반가운 법이지요.
흐릿한 순간마다, 잊히기 쉬운 자리마다
저는 단어로, 문장으로, 조용히 머물겠습니다.

언제 어디서든 글 쓰는 일을 멈추지 않겠습니다.
누군가의 마음 깊은 곳에 닿을 수 있다면,
그 한 줄을 위해 오늘도 기꺼이, 조용히 써내려가겠습니다.

@keephaeing

채상기

새벽의 달빛이 내려앉는 시장 골목,
그 조용한 틈에 앉아 저는 시를 씁니다.

눈에 띄지 않는 시간 속에서
수많은 손길과 무심한 말들,
비닐봉지를 여미는 소리와
절반쯤 지워진 발자국들 사이에서

저는 조용히 나의 언어를 깎고 있습니다.

사랑에 대해,
고독에 대해,
그리고 언젠가 반드시 올 기적에 대해
쉽게 말해지지 않는 것들,
그러나 모두의 삶에 깃들어 있는 것들을
저는 천천히 다듬습니다.

길 위에 흩어진 마음들과 단어들을
하나씩 모아
시간이 허락하는 만큼 오래 바라보다가,
그 마음의 온도를 잊지 않기 위해
문장으로 옮깁니다.

누군가는 스쳐갈 것이고,
누군가는 멈춰 서겠지요.

하지만 시는 늘 그 자리에 있고,
저는 다만 그 곁에서
묵묵히 깎고, 다듬으며 살아갈 뿐입니다.

이름보다
언어가 먼저 기억되기를 바라며.

@yeowl_dawn

에필로그

조심스럽고
깊은 감사의 마음으로

이 책을 처음 구상했을 때,
머릿속에 그려진 그림은 다소 불투명했습니다.
시를 나열하는 것이 아니라,
서로의 시에 '답'하면서 하나의 결을 이어갈 수 있을까.
그 결이 무너지지 않고 끝까지 이어질 수 있을까.

그 질문에서 출발한 이 작업은
지금, 고요한 이름 하나로 당신 앞에 닿아 있습니다.

시작은 꽤 큰 마음이었습니다.
스무 명의 작가가 각자의 언어로 서로를 불러내며
한 사람의 이야기가 아니라
여러 갈래의 호흡이 얽힌 긴 흐름을 만들자고.

말이 말을 건너고,
삶이 또 다른 삶에 머무는 과정 안에서
하나의 긴 호흡이 태어나기를 바랐습니다.

그러나 시간이 지나며 우리는 알게 되었습니다.

그 다짐은, 생각보다 오래 걸리는 일이었습니다.
'답'은 기다림을 전제로 합니다.
앞선 문장이 도착해야만 다음 목소리가 시작될 수 있기에
창작의 고통은 종종 멈춤과 함께 왔고
한 사람이 멈추면 전체가 함께 멈춰야 했습니다.

도중에는
몸이 아파 조용히 이탈한 분도 계셨고,
정해진 시간의 경계에 도달하지 못해
마음을 접어야 했던 분들도 계셨습니다.

그 모든 순간마다
우리는 다시 마음을 다잡아야 했습니다.

멈춘 자리를 덮듯 이어가는 것이 아니라,
비워진 틈을 '받아들일 수 있는 사람'을 찾는 일.
그 자리에 걸맞은 감도를 지닌 또 다른 호흡을
서둘지 않고 기다리는 일.

그 기다림은
빠르게 정리되는 것이 아니었습니다.

사라진 한 장의 여백 위에

또 다른 사람이 자신의 손을 얹는다는 것은
대체가 아닌
이어짐에 대한 책임이기도 했습니다.

그 오랜 시간이 지나고,
열 명의 작가가 자신만의 온기를 꺼내어주었습니다.
그 온기들이 겹쳐져
이 책은 마침내 한 호흡으로 엮이게 되었습니다.

우리는 누구보다 조심스럽게,
그리고 누구보다 오래 그 호흡을 기다렸습니다.
끝내 이어지기를 택한 사람들의 태도가 만든 결과입니다.

그래서 지금, 이 자리에서
가장 먼저 감사드리고 싶은 이들이 있습니다.

끝까지 함께해주신
열 명의 작가님들께 진심을 다해 고개를 숙입니다.

류정호 작가님
김선화 작가님
가시연 작가님
유선미 작가님

오해인 작가님
정현민 작가님
고복주 작가님
수 작가님
전혜진 작가님
채상기 작가님

당신들의 한 줄 한 줄이
이 책을 멈추지 않게 했습니다.
그건 언어보다 앞선 선택이었습니다.

그리고 지금,
이 글을 읽고 계신 당신에게도 감사합니다.

우리가 이 책을 통해 보여드리고 싶었던 것은
거대한 감동도, 인상적인 문구도 아니었습니다.

그저
각자의 자리에서 꺼낸 마음 하나가
또 다른 마음의 틈에 놓일 수 있다는 믿음.

그리고 그 믿음이
당신에게 도착할 수 있다는 희망.

우리는 아직 이 여정을 끝내지 않았습니다.

느려도 괜찮습니다.
멈추었다가 다시 걷는 순간도 괜찮습니다.

우리는 계속해서 씁니다.
다시 누군가의 시간에 대답하며,
다시 어떤 이의 말에 귀를 기울이며.

지금도,
2권이라는 또 하나의 흐름을 준비하고 있습니다.

어쩌면 또 멈출지도 모르고,
또다시 기다려야 할지도 모르지만,

그 기다림의 시간마저도
하나의 시가 될 수 있다고 믿고 있습니다.

끝까지 함께해 주셔서 감사합니다.

                                                기획자 문석주 올림.